电商创业手记

家具电商实战心得

春戈 编著

台海出版社

图书在版编目（CIP）数据

电商创业手记：家具电商实战心得 / 春戈编著. —
北京：台海出版社, 2021.5
ISBN 978-7-5168-2994-3

Ⅰ.①电… Ⅱ.①春… Ⅲ.①电子商务—商业经营—
普及读物 Ⅳ.①F713.365.2-49

中国版本图书馆CIP数据核字(2021)第078829号

电商创业手记：家具电商实战心得

编　　著：春戈

出 版 人：蔡　旭　　　　　　　　　封面设计：邢海燕
责任编辑：姚红梅

出版发行：台海出版社
地　　址：北京市东城区景山东街20号　　邮政编码：100009
电　　话：010—64041652（发行、邮购）
传　　真：010—84045799（总编室）
网　　址：www.taimeng.org.cn/thcbs/default.htm
E－m a i l：thcbs@126.com

经　　销：全国各地新华书店
印　　刷：河北盛世彩捷印刷有限公司
本书如有破损、缺页、装订错误，请与本社联系调换

开　　本：880毫米×1230毫米　　1/32
字　　数：231千字　　　　　　印　　张：12
版　　次：2021年5月第1版　　印　　次：2021年5月第1次印刷
书　　号：ISBN 978-7-5168-2994-3

定　　价：99.00元

目录
| CONTENTS |

第1条：5G对于电商的影响

2020年是5G普及的一年，到年底估计会有三分之一左右的人用上5G手机，结合我自己用5G手机两个月的体验，它对电商的影响可能有以下4个方面：

1.详情页会被更多的视频内容替代，实时讲解的"类直播"短视频比较容易提高转化率。

2.场景化的渲染，包括3D类、躺平①的内容，会更加容易分到流量。

3.对非体验的线下实体店的冲击会更大，电商的价格区间会从低端推进到中端。

4.算法会更加精准，网速足够快后，过去制约无线的速度瓶颈会彻底无效。

---

① 躺平是阿里巴巴旗下生活方式App，居家好物分享社区，分享生活分享家。

第2条：主推产品延长竞争力必备的5招

在电商领域有一个无法回避的规律就是：今年卖得好的产品，明年很难卖好，利润必然降低！因为竞品在开年后会增加很多。

那么如何维护一个主推产品呢？以下5个方面做好，就可能延长生命周期：

1.持续迭代产品

2019版和2020版有什么区别，可能不一定有，但是对消费者来说肯定愿意买新款。当然，如果能真正结合客户的反馈意见，改进产品就更好了。

2.主图的更新

核心是提高点击率，所以我们需要持续寻找达到更高点击率的途径，用更好的卖点去做迭代。跨行业借鉴是最有效的渠道。

3.找到新的流量入口

大部分的同行竞争都是针对搜索渠道来的。竞品多了，搜索必然稀释流量，因此找到新的流量渠道，比如直播、站外社区推广等非常重要。

4.质量和评价维护

不能持续获得好评的产品，终究是不长远的，因此趁着春节期间，做好评价的维护，这对开年发力非常重要。

5.主动降价和增加低价SKU[①]

同行竞争最简单的方法就是降价。作为防御策略，最好是主动降价，如果短期内降不了太多，那就增加一个低价的SKU，这是短期续命的技巧。

---

① stock keeping unit是一种库存进出计量的单位，比如件、盒。现在SKU已经被引申为产品统一编号的简称，每种产品都有唯一的SKU号。

第3条：多店铺推同一款产品如何避免内耗

爆款难找，而多家店铺同时推广是发挥爆款价值的有效手段。那么如何避免相互竞争呢？最主要的还是要站在用户角度来看，做差异化处理，主要包括：

1.定价差异化

相同产品也不一定要完全一样的价格，可以选择高、中、低不同价格带，进行有选择性的布局，比如低、中、高。

2.主打不同卖点

低端产品要的就是性价比，不要说其他卖点。中端产品要的是信任度，怎么可信怎么来。高端产品就要进行概念包装了。当然，具体产品具体分析。

3.视觉表达差异化

主图、详情页尽量不要相同。

4.流量入口推广适当区隔

相同的渠道一样的出价是很容易内耗的，因此可以适当区隔，比如一个人抢第一个位置，另外一个人就不要这样做了。

本质上这不是考验运营能力，而是策划能力及团队的配合和熟悉度。

第4条：团队新人如何快速上手工作

找到合适的人，永远是一个团队极为重要的事情之一。新人来了之后如何让他尽快上手呢？结合我过去10年带团队的经验，总结如下4点：

1.明确目标和职责

这个岗位的职责是什么？有哪些具体事情要做？重要紧急程度如何？考核什么？为什么要招这个岗位？是希望解决什么问题或者实现什么目标？这些问题都值得在入职的时候讲清楚。

2.师兄师姐制度

新人融入公司也需要时间和老员工带，可以建立师兄师姐制度，在入职的时候指定一位老员工，负责教会他在公司如何工作，有哪些要注意的事项。同时新员工的转正率，也作为老员工升职加薪的重要考核指标。

3.持续的工作内容和流程梳理

无论讲多少遍，每个人的理解都不一样，这个时候让新员工在第一个月，每周持续梳理工作内容和流程就非常重要了，梳理到负责人认为已经能够完整无误地表达他要做的事情和具体的操作方式为止。如果一些特定岗位，比如运营、设计，可以持续让他先把自己的经验用PPT或其他形式梳理出来，给大家讲，讲到大家认为合格为止。

4.定期沟通和检查反馈

在第2～3个月，要检查新人的落实情况。同时要定期沟通，比如在每周最后一个工作日抽15分钟，面谈一下他的工作进展和遇到的问题，这有利于新人更快地融入团队。

第5条：主图视频如何获取手淘首页流量

很多店铺都在做主图视频，但大多数是单纯的单品展示，没有内容性，所以很难获得手淘首页的流量。现在淘宝提倡主图视频2.0，具体来说有以下几点：

1.展现更多有趣的内容

虽然是介绍产品，但是要有看点。比如截取一个直播的介绍做成视频。

2.多品推荐

支持10～600秒视频，尺寸3：4、9：16、16：9均可。

3.上传路径

"卖家中心–店铺管理–店铺装修–素材中心–视频–发布–上新抢鲜–选择上传的视频–填写信息"上传即可。

建议各位商家在明年每一个产品都单独做主图视频，毕竟视频的转化率比单纯的图文要好太多。

第6条：直播到底值不值得做、怎么做

直播在服装和美妆行业很火，家居行业除了一个灯具的案例，几乎没有听到特别成功的例子，那么直播到底值不值得做呢？我认为还是非常值得的！原因在于它更好地解决了一部分消费者的选择难题，特别是关于真实感和信任度的问题。

但很多店铺做直播，效果都不太好，那么应该怎么做呢？我是最早接触直播的小二，结合有限的经验建议如下：

1.人格化、好玩有趣

不要品牌化，虽然是店铺直播，但是人很重要，好玩很重要，多想想让观众可以留下来的话题吧。

2.定位行业选品达人

不要只推自己店铺的产品。可以定位成装修小帮手之类的角色，帮助粉丝找到各类相关产品。记住，选品的核心是便宜！要相信人对价格的敏感度。

3.准备展示视频

任何视频化的内容，都需要展现出来有冲击力的内容，比如对比测试，就像为了证明涂料没污染，可靠的方法是放条鱼进去而养不死。

4.准备大量的视觉素材

比如价格很便宜，光说是没有感觉的，不如做一张KT版，折线图的原价多少，现价多少，就一目了然了。参考电视购物各种指示牌，强调！重复的强调。

5.要预热、要筹备

大件的东西让消费者快速下单太难了，因此预告显得很重要。

第7条：店铺支付转化率的价值和提高技巧

在最新的个性化算法中，支付转化率决定了它是否可以持续地获得流量。日常运营中，很多店铺关心流量和销量问题，但对于核心的中间环节——支付转化率不太重视。

关于支付转化率的价值：

1.支付转化率高于同行竞品，说明产品更受欢迎，特别是在相同的单一渠道上的情况下，可以获得更多流量。

2.一个客服的支付转化率远高于另一个客服，说明他接单水平是更高的。

3.一个产品在未达到平均的支付转化率之前，不适合大规模推广。同理，如果持续下降，单纯靠推广也很难解决问题，及时止损才是更合适的选择。

如何提高支付转化率呢？特别需要注意以下3点：

1.产品的持续维护，要确保没有明显的恶评情况，晒图要符合大部分客户的实际使用场景。比如价格便宜的电视，出现在普通的家庭里，对这些用户来说，就是适合的场景。

2.意向客户持续、有计划、有考核的跟进，是考核客服能力的重要因素。我个人建议转化率和基本工资挂钩，销售额和提成挂钩，这样才能找到和留下优秀的客服。

3.保持价格上的优势，要维持在目标用户接受的价格范围内。关注竞品的展示价格和成交价格，以及活动后的隐性价格（需要经过申请的优惠价格）。

第8条：春节注意事项

春节时期，物流陆续开始停运，逐步进入调整蓄锐状态，为大家准备春节弯道抄车6步曲。

1.发货提示

店铺首页与详情页做好物流发货时间的温馨提示；设置好预售模板；避免因未按时发货而遭投诉的问题。

2.活动氛围营造

（1）春节不打烊或店铺自主活动。

（2）设置好活动利益点，提前锁定客户。

商品预售：下单享春节优惠或××利益；注意设置正式发货日期。

优惠券锁客：将优惠券使用时间设定为春节期间；发放新年红包。

小额定金锁客：定金付×××元抵扣×××元，指定开年×××时间段是活动有效期。

3.主销款维护：准备好新品上新，同时做好主销款维护，包括销量、评价、晒图、问大家、洋淘秀等基础工作。

4.推广：春节进入购物低谷期，直通车做好账户养分养权重准备工作；重点关注加购率。

5.客服

（1）春节期间平台流量以旺旺是否在线为逻辑分配；保持旺旺在线；开启智能客服设置，将常见问题设置位自动问答。

（2）客服接待首问语设定为春节问候与活动。

（3）安排好异常问题的处理途径，指定突发事件的联系人。

6.客户营销

（1）春节期间翻看朋友圈的频次明显上升，在店铺内做一些朋友圈转发、淘口令或者自制图文等活动，给转发者和购买者双重优惠。

（2）老客户推送春节问候；已咨询未付款客户推送春节问候和春节活动。

总结一句话：比对手优秀一点，开年就起跑快一步。

第9条：如何高效地应用人群进行推广

大部分的商家在执行付费推广时，都在研究人群推广的优势，人群推广常见的几个误区：

1.产品设想的消费群体不等于产品受欢迎的群体。

2.人群溢价越高不等于获取流量的基数会越大。

3.同行的高效人群不等于店铺的高效人群。

4.不同品类的产品受众人群不一致，尽管是相同的风格。

那么，如何高效地应用人群进行推广呢？注意以下4点：

1.人群粒度（人群属性的区分，比如性别和年龄的组合）测试，分消费、年龄、性别，测试出优秀的人群粒度后，合并为自定义人群包进行推广。

2.人群溢价测试，观察不同溢价流量的获取速度以及流量规模，30%的溢价和50%的溢价流量规模是否一致，高溢价能优先展现，但不能扩大人群规模。

3.在人群包的流量规模上来后，在优化关键词和地域的同时，观察点击率和加购率是否高于核心关键词的点击率和加购率。

4.为增加访客的沉淀，我们要更善于发掘同行高销量规模竞品的访客信息及成交用户的关注点在哪里。

总结：研究同类产品消费人群的喜好及高效地应用人群进行推广，有利于直通车降低PPC（平均点击价格）和获取大规模流量，更有利于访客沉淀。

第10条：如何获得新品打标

"新品"概念最早出现在服装行业，目的是给季节变换的新产品加权，毕竟羽绒服在天气热的时候穿是不适合的。而家具灯具等行业不会面临这个问题，通常一个产品能卖好几年，所以在2018年之前，家居行业不存在新品权重的概念。但2019年不一样，在同质化严重和平台的新品策略的情况下，家具行业也有了新品权重。

经常有人问：怎么我上新的产品没打上新品表，而一个卖了几个月的产品还打着呢？其实核心是没理解系统是怎么判断新品的。以下5点讲争取新品标的操作建议：

1.不要抄袭标题，一定要新做，独一无二，否则系统会认为这是你又明确的竞品，也就不可能是新品了。

2.标题中不要出现非应季的词汇，比如清仓、特价。

3.图片要差异化，竞品不要使用和同行的相似图。款式方面，同款越少越容易打上新品标。

4.产品属性，颜色一定要新，橘色可以写成火焰橘，绿色可以写成薄荷绿，黑色还可以写成复古黑，总之不要太大众，更不要写成黑色、白色这样的纯色。家具行业，经常有人用颜色字段写组合，导致重复，因此无法打上新品标签。

5.上架后24小时成交1单，一般3天左右就会出现新品标，如果一周过去还没出现，就删掉它重新上架。注意，相册中的图片一定要全部删除完，所有图片重新修图处理之后再上传才可能打上新品标。

第11条：过年期间如何做预售

如果临近春节，大多数店铺估计都发不了货，只能等春节之后再发货了。这时预售就很重要，关乎蓄水年后的第一波爆发。一般来说，年后2~3周决定上半年的局面。那么如何做预售呢，结合我们这几年的咨询经验，建议如下：

1.及时切换状态

不能发货开始，才开始进入预售状态，要做好提前准备。产品页面和SKU上都要明确标注出来，避免用户误解。

2.使用预售系统

如果能用平台的预售系统最好，定金加尾款的模式，是心智最强的。

3.使用定金模式

如果没有平台预售功能，最简单的就是给店铺加一个"定金"的链接或者SKU，引导用户下定金。

4.定金膨胀

预售要给一定的优惠，但不要过度。最简单的方法是定金膨胀，比如拍100元，抵扣200~500元。

5.给用户利益

愿意下单的客户一般都比较着急，因此年后第一时间发货等利益点都可以多次强调。

第12条：过年期间怎么"弯道超车"

由于绝大部分店铺在春节期间都放假，这时同行竞争压力会小很多，对于有一定基础但实力不够的店铺来说，确实可以在这个阶段"弯道超车"。

那么如何"弯道超车"呢？有几点应注意：

1.流量别停

只要不高于你过去的流量成本，可以按照加购计算，有便宜流量为什么不继续推广。

2.围绕不同城市去做优化

比如一二线城市的需求和三四五六线城市人的需求是不一样的，前者可能是给自己购买，后者可能是给家里老人购买。

3.特别注意春晚期间的流量入口

春节活动能报上名的都报上。

4.早点上班

一般公司都是初八或者初九开工，如果你想抢到第一波流量，是否考虑下初五开工？

5.持续优化

针对春节期间，做主图优化，客户担心什么、关心什么，均体现出来。评价和售后也要尽可能做好，避免因纠纷和差评引起的运营难度提高。

第13条：产品修改如何不降权

经常有运营担心修改页面会被降权，那么如何修改可以不被降权呢？总结以下几点：

1.站在平台角度，系统才不管你怎么改呢，它的评价逻辑和流量分配机制都是固定的。

2.主图核心是要确保点击率不比原来的主图低，所以正式更换之前一定要先测试好点击率，点击率不能低，低了就不要去换。

3.产品SKU修改。不要去掉有销量的，可以通过增加新的SKU和老的库存改零的方式，去过渡。

4.详情页修改一次不要全部更新完，指标上注意停留时间和跳失率，要在偏差不大的范围内修改。

5.避免被规则处罚，包括换宝贝、产品SKU之间的价格差距超过4倍、标题违规词等。

总之不是不能换，但要注意主图点击率、页面跳失率和停留时间、加购收藏率、询单率等信息。

第14条：什么样的产品更适合"猜你喜欢"而不是搜索流量

大部分的情况下，"猜你喜欢"和"搜索"的流量是相互排斥的，"搜索"是中心化流量，核心是人找货，而"猜你喜欢"是货找人。那么什么产品会更加适合"猜你喜欢"呢，简单梳理如下几个特征产品：

1.小爆款产品，不靠活动

能成为大爆款的产品，要么是活动多，要么是搜索流量高。而"猜你喜欢"刚好相反，要有一定的销量但是又不太高，所以小爆款产品更加适合它，如果是大件家具产品，一般都是几十件成交。

2.特色产品，偏设计感的

小众的产品很难在"搜索"出现。而颜色少见、造型独特的，像儿童家具、粉色无敌、全套粉粉的物品很容易出现在"猜你喜欢"。

3."牛皮癣"[①]不能多，主图点击率高

主图点击率特别高，容易被"猜你喜欢"推荐。"搜索"对"牛皮癣"比例没有限制，但"猜你喜欢"是有0.2系数的"牛皮癣"比例限制。

---

① "牛皮癣"是指图片上带有文字或者图形、色块等影响主图美观和正常查看的内容。

第15条：春节假期退换货服务上的4个注意点

临近春节，依然要重点关注售后，避免差评和纠纷引起的数据大幅波动。

特别是在退换货方面，应该注意什么问题，来避免货物和资金损失呢？重点做好以下4点：

1.大部分物流已经停运，如果这期间，客户反馈产品有问题并要求退货的，客服切记与客户做好沟通，如同意买家退货，让买家原包装打包好，年后再安排物流来退，同时给买家延长收货时间至春节后。

2.如后台已经同意退货，可以联系长期信任的物流，安排提出暂存物流仓库的方法。

3.春节期间客户的退货申请，由于物流停运，值班客服需要记录情况，并与客户简短沟通。

4.值班客服春节期间，务必每天需要定制检查后台退款，避免因为超时自动达成退款，产生大额损失！

第16条：2019年家具行业店铺规模变化

2019年淘系近22.6万家店铺中，单店月销售额达1000万每店，最高峰值178家。但淘系住宅家具类销售规模整体分散，品牌规模并没有达到高度集中。行业数据有两个方面大家要重点了解：

1.2019年淘系单店月销售额达1000万每店，比2018年增长25%，其中新涌现的店铺数达到50%；每年都会出现兴起的店铺，也会出现下滑严重的店铺。

家具是非标类目，存在个性化的喜好，同时也存在比较隐性的变化元素。及时抓住各变量的变化周期，就有可能比同行超前一点。建议大家除了看店铺自身数据、对标竞品数据，还要结合了解行业走势，千万不要掉以轻心。

2.2019年TOP店铺的营收规模在放大，品牌力在逐步累积，年销售达到1亿的店铺数有65家，同比增长35%；2019年新晋级过亿的店铺数有23家，这些店铺在运营类目及货品排布上都有着快速增长的速度，值得拆解学习；2019年规模2～4个亿的店铺数有18家，逐年竞争中的优胜品牌，90%是老面孔；2019年规模超过5个亿的店铺数有10家，顶级线下品牌和顶级淘品牌阵营，规模在逐渐扩大。

2019年整体走势稳定，品牌规模代表市场份额，市场份额占比达到一定才能产生品牌影响力。达到品牌有号召消费者的心智，品牌力是个沉淀积累的过程。扎实的运营基础加竞争力货品加平台势能，就有很大的机会做成一个亿级大店。

第17条：2019年住宅家具风格走势概述

2019年主流风格走势有起有落，随着消费群体的缓慢迁移，及家居家装流行风格的变化，新的风格在涌现，曾经的主流风格在缓降，风格的变化存在周期性，而周期变化来得缓慢而不易迅速感知。2019年淘系主搜风格出现了哪些变化？

部分主流搜索风格出现月搜索量缓降：

1.美式风格：出现持续缓降，2019年1月搜索人数是54万每月，2019年12月搜索人数降至39万每月；美式主营风格TOP店铺经营受影响。

2.北欧风格：持续缓慢下降，2019年相对2018年搜索人数下降25%，2019年1月搜索人数是38万；2019年12月搜索人数降至36万。

也有部分风格的搜索量逐月持续上升：

1.现代简约：从2018至2019年，呈持续缓升状态，由2019年年初的12万以上的搜索量，年底上升至23万以上的搜索量。

2.轻奢风格：近两年保持50%以上持续增长，2019年1月搜索人数15万，2019年12月搜索人数升至51万。轻奢成为主流搜索风格，主营轻奢店铺只要不犯大错误，增长是必须的。

3.新中式风格：2019年同比2018年，搜索人数上升20%，2019年1月搜索人数是10万，2019年12月搜索人数是18万。新中式风格店铺规模在扩大。

4.日式风格：小众风格方面2019年缓增稳定，对比2018年增长了80%。搜索人数，2019年12底有3.5万以上搜索人数，受年青女性群体偏爱。

风格的兴起与衰减具有周期性，风格变化跟消费主力人群变化与家居家装流行元素彼此影响。要及时了解行业数据洞察细微走势变化，因为任何公司在趋势面前都是很脆弱的。

第18条：春节期间如何高效地付费推广

春节期间，很多商家基本上不进行推广，竞争力会降低，需要在年后提升的腰部商家，如何在春节期间高效地降低低PPC（平均点击花费）？

1.PPC的最终出价参考春节期间人气恢复速度的节奏以及PPC的提升节奏进行提前设置。

2.高点击率低PPC的时间点在于晚上的时段，由于春节期间日限额设置都比较低，大部分商家的日限额会在白天被消耗，晚上的竞争力度会有所降低。

3.在地域方面选取高点击率的地域进行推广。智能出价可选取增加点击量或增加收藏加购。

4.商家曝光春节期间预售的利益点，提升人群的沉淀率，提升节后收割人群的基数。

春节期间的高效推广有利于节后的人群收割，同时也有利于商品权重在节后提前抢跑，为3月份的两个大促打下数据基础。

第19条：店铺怎么去搭建微信用户流量池

众所周知，现在流量是越来越贵，而且还很分散。那么如何让店铺的几万粉丝更加高效循环，起到作用呢？答案是建立自己店铺的微信粉丝鱼塘（自己培养的一群人或资源），二次收割或帮助店铺进一步提升流量和影响力。店铺怎么去搭建微信用户流量池呢？

有以下5点引流方式：

1.包裹引流：建议包装设计结合用户属性，符合品牌调性，达到有趣好玩、内容简单明了的效果，告知客户扫码即可获得红包。前期可以设计多种类型的促销单，然后逐一测试转化率。

2.主动加粉：把购买过的用户手机导出来，通过酷客系统每天主动添加用户，建议用半年以上的老号去执行这个动作。

3.页面加粉：宝贝详情页、会员中心页面、店铺首页设计引导加微信，不过这些存在一定的风险。

4.旺旺加粉：旺旺首问回复添加微信号信息，联系旺旺的用户基本都是有购买需求的，添加微信可以用优惠券。

5.短信加粉：签收关怀。例如：主人，一路艰辛终于见到您了！打开包裹扫码卡片二维码，添加老板娘微信可领取红包，朋友圈还会有更多秒杀福利和装修搭配攻略，和新品免费体验活动哟。付款关怀，例如：嗨！我是某某某！你的宝贝即将发出，加我微信，每次都有收货红包，还有朋友圈专享福利优惠哟！

得粉丝者得天下，微信粉丝的力量在店铺运营过程中起到的价值将对弯道超车是锦上添花的作用。

第20条：店铺如何维护留存用户

搭建好店铺流量池后，如何维护留存用户。就是留住这些用户，让他们不删掉你。路人转粉丝这个过程，主要有两大方面。

第一方面：加粉聊天，打造服务体系

首先，关系的转变，从弱关系—中关系—强关系的沟通过程，来拉近彼此的距离。然后，做好用户备注（微信备注：会员等级加上淘宝ID），根据会员等级做相对应的服务，解决用户问题，让用户百分百满意。最后告知用户我们后续能提供什么，加深印象。这里可以融入会员体系、买家秀等。

第二方面：朋友圈内容规划

此处需注意两个要点，一是营销活动、节日、互动性内容输出：关怀类，如节假日或者天气变化；福利类，如每月会员日通知、送礼物；营销类，根据店铺运营的节奏进行规划；调研互动类，网络热点内容，一周三次。

二是专业和生活内容的输出：提供生活工作相关的内容；家具装修搭配攻略；晒晒用户使用产品的效果。

维护好微信流量池的好处：一来为店铺提供收藏加购基础销量，用官方活动来提升和促进转化；二来带动品牌影响力宣传，后续开发分销商更是顺水推舟，价值更大化。

第21条：春节期间沉淀人群的其他操作

春节期间我们除了做直通车权重的维护，还可以进行怎样的操作，让我们的店铺能沉淀更多的人群，方便节后收割人群进行权重抢跑呢？

1.智钻店铺推广曝光节日氛围及利益点，低PPC为店铺沉淀人群以及为品牌种草，直通车PPC1/3<智钻PPC<直通车1/2进行操作。衡量标准：智钻加购成本<直通车加购成本。

2.商品详情页必须有节日氛围、节日问候以及客服的服务时间。

3.旺旺设置节日问候语的自动回复，客服使用手机进行旺旺登录，针对未能及时回复询单的访客，后续必须跟进，以及用优惠券或者收货返红包的方式反馈客户。

4.关于利益点，除了详情页展现的利益点，运营还可以在客服环节设置节日相关的一对一利益点，如红包、赠品等。

春节期间沉淀的人群，在物流开运后务必形成节后的第一波权重，如此后续的运营提升难度会小一些。

第22条：买卖天猫店铺时店铺本身需要做的保护

近年生意不好做，有不少人想把店铺出售出去，那卖店铺应该注意哪些事项，比如为了淘宝的安全，有哪些东西是需要关闭的呢？

1.关闭支付宝快捷支付功能

登录支付宝www.alipay.com首页，首页右上角"管理我的快捷"，关闭快捷支付功能。若无法关闭，请用绑定支付宝账号的手机号，致电0571-88156688进行咨询。

2.如果有办理贷款的，关闭贷款功能

可以拨打淘宝贷款业务电话0571-86656600，关闭淘宝订单贷款和信用贷款功能。

3.取消淘宝登录保护

"淘宝账户管理—操作保护设置—维护"，去支付宝关闭手机动态口令。

4.如店铺内有未完成交易订单及售后问题由卖家处理。订单（以已发货订单为准）可以要求买家额外支付。

5.交易店铺期间，关闭支付宝快捷支付和贷款功能后，不要再登店铺支付宝旺旺等，防止系统检测盗号风险封店。

第23条：买卖天猫店铺时公司背景注意事项

跟大家普及一下购买天猫店铺时需要注意的事项，在细节方面千万不要掉以轻心：

1.公司和店铺的经营范围是否一致，公司的使用期限有多久。

2.纳税人是否属实，和店铺后台是否一致。

3.店铺是否有抵押和贷款现象。

4.公司地址是否异常，是否存在挂靠或者实际经营地址收费的问题。

5.公司有没有被投诉，执照财务章公章等相关资料是否齐全，如果遗失则要补办。

6.名下是否有社保或者拖欠员工工资的情况。

以上的信息都需要买家非常清楚详细地了解掌握，避免买店后出现各种问题。所以买卖天猫店铺最好是找专业人士帮忙，排查问题时更全面，从而避免掉坑。

第24条：做年度规划需要注意的5个方面

年初，很多团队都会做年度的规划，那么如何做一年的规划呢？我的经验是：

1.目标要有弹性

可以设置一个最低目标或者说是保守的目标，再设置一个高的目标或者冲刺的目标。

2.目标都需要拆解到最小

比如最小的产品和SKU，最小组和岗位人员。

3.需要重资投入的可以先验证

按照精益创业的方法，先从0做到1。

4.持续的迭代和调整

任何计划都要应对变化，比如面对没实现预定的目标时，需要调整目标或者调整策略。

5.关注团队能力

特别是刚过完年的时候，需要准备哪些必备的岗位，提前可以关注人选。

第25条：2020年上半年对生意的影响

结合我们电商的工作，2020年上半年会对大家的生意有这些影响：

1.未来一周会是流量的高峰期，大部分人都居家办公，因此建议大家根据流量和订单变化，早点安排推广和客服接单！

2.元宵节前，工厂很难完全恢复生产，工人今年回来会更晚，发货时间尽量不要承诺太短，预留好时间，避免纠纷。

3.快递，特别是物流的发货时间会更慢，路上时间说长一点，对于制定日期的预留，放宽限期。

4.上班后员工都戴口罩，做好防护。外籍员工建议在工作地住的地方先远程办公。

第26条：如何提升公司利润率

很多商家普遍反映销量是提升了，但是利润率在下降。

我个人的观点是：销量提升代表团队和产品力都有提升，但利润率下降说明所做的事的效率在下降。

如何提高利润就变成了需要重视的事情，假设很多外在条件不变，我认为提升利润率需要做到以下几点：

1.提升免费流量的占比和效率：特别是个性化流量（比如"猜你喜欢"）和自己店铺可控的渠道流量（老客户运营，微淘）。2018年的"双11"开始，个性化（货找人）流量越来越高，甚至经常超过搜索（人找货）流量。

2.增强关联销售：特别是需要加强培训客服的推荐关联能力。

3.结构性提升产品利润率：假设在产品不变的前提下，除了有日销的链接，一定要想办法做个活动链接出来。这样，活动期间才可能有较好利润率。如果有新品就更好，持续去找新品才会有更好利润。

4.提升付费推广效率：竞争激烈的情况下很多店铺付费推广的成本急剧上升，如果在精细化上做得不够，那这块可以有提升空间。

5.关注团队人效：大部分公司在面临销售额上升带来的超任务时，都会简单通过增加人手以便快速解决，短期内这是没问题的，但长期来看，工作效率如果不提高，只会导致利润率降低。因此特别要关注工作效率，如果有下降的情况，那么管理和流程上很有可能出了问题。

总之，开源加上节流加上提效率，生意原本就是需要生生不息的创意去解决问题。

第27条：如何提升主图获取更多流量

一个产品获取流量的能力大部分源于主图，对主图进行包装是获取流量的最重要途径。

可以通过以下几个维度进行思考：

1.到同行和自己宝贝的评价处，看买家最关心、担忧的是什么，把这些作为卖点来解释，把用户最关心的点提炼在主图上。

2.模仿优秀竞品的主图，学习其优秀之处。

3.跨类目借鉴其他产品的主图形式，从而形成差异化。

4.让客服登记整理买家常问到的问题，从里面挖掘出深层次的需求。

5.根据关键词，分析用户的购买需求，只有匹配的卖点和满足消费者需求的产品，才能引起消费者的购买欲和关注，这也是促进消费者转化和点击的关键所在。

如果想要知道做出来的主图靠不靠谱，能不能吸引客户点击，最好的办法就是——测图。只有通过市场反馈过来的数据，才能明确知道这张图的效果怎么样。

第28条：人为干预交易如何规避风险

不管是新店还是老店，在上新期避免不了人为干预交易（指链接在新品期，为了快速累积销量和评价，往往需要累积成交）。这伴随着一定的安全问题，给大家几个小技巧有效规避：

1.操作前：可以给错的地址，完成下单后，要求对方当天查看地址并通知客服更改地址。

2.操作完成后：要求后续第2～3天查看物流记录，并催促商家急用，模拟真实情况。

3.无规律下单：把任务分配二维码、首页、淘口令、直通车、直播、抖音不同的入口。

4.增加隔天单和标签单比例：当天单虽然有效但是风险较大。

5.号要安全：黑名单的号怎么弄都是容易出问题的。

注意：人为干预交易是辅助手段，不要把它当成主要手段，推新品的时候车搜结合（即直通车推广和搜索相结合的方式）是最快速的增长方式。

第29条：新品引入自然流量，排名的标题不能忽略

很多商家会直接抄袭那些卖得好的标题，或者简单改几个词，一个全新的标题就出炉了。但这样的操作往往会导致你的新品和竞品直接变成竞争关系，相当于它是一个满级的玩家，而你是一个初级玩家，胜算很小。好的标题才是新品好的开始。以下有几点建议：

1.建立词库

（1）搜索分析拉取一周的热词。

（2）类目几个流量核心主词延伸二三级词长尾词。

（3）根据搜索人气和在线商品数选择转化率高、竞争少的词。

2.标题组合规则

（1）龙头蛇尾，引流的核心大词放在前端，副核心大词放在最后。

（2）中间放核心词系相关属性词，头尾核心词系相关的属性词和修饰词，紧密词优先。

（3）尽量保持标题通顺，正常语句易读。

（4）如果属性词过多可以利用空格分开。

3.关键词优化注意点

（1）不要大幅度改动标题，正常每次改动1~2个词根，一周更改一次没有流量的词根。

（2）晚上12点之后更改，这段时间搜索流量不高，另外分别区分前后数据。

（3）更改关键词频率不要过多，一周不超过2次。

前期利用长尾词和三级词竞争少的蓝海词获取，中期慢慢修改成二级词的蓝海词，达到流量规模时可以直接更改多1~2个核心流量词。金字塔原则，打好根基才有成型的金字塔。

第30条：直通车如何快速上10分

首先我们看一下，直通车扣费公式："下一名的出价×下一名的质量得分÷我的质量得分+0.01"，这里的重点是只要我们的质量得分越高，点击花费就越低。核心逻辑是，点击率上涨会带来质量得分上涨，而质量得分的上涨才能让我们的点击花费降低，所以所有上涨质量分的操作，只围绕一个点，就是提高点击率。

具体该如何操作呢？

1.第一步设置日预算：日预算等于我们想要获取的点击量乘以点击花费。

2.投放平台：选择移动站内。

3.分时折扣：只选择购物高峰期，晚7点到10点，折扣比例为100%。

4.地域设置：使用测款时的数据，只选择点击率高的城市。

5.选择你要投放的宝贝。

6.创意设置：集中到点击率最高的创意投放，创意投放为优选。

7.关键词设置：关键词自身数据要达标，比如展现指数、点击率、转化率等。

8.出价设置：尽量抢高排名。

9.匹配方式：精准匹配提高点击率。

10.精准人群：根据购买我们产品的主要买家人群画像去投放，如性别和年龄，性别及类目笔单价等。

以上几个步骤，主要是围绕提高我们的点击率出发，最终目的是使我们的质量得分能够得到快速提升。

第31条：直通车有点击没转化怎么办

很多商家在日常运营店铺中会经常遇到的一个问题就是：开了直通车，但还是没单。如果遇到这种情况，又如何来提高直通车的转化呢？其实我们应该在开直通车之前做好以下这几点：

1.开直通车的产品的收藏加购率，最好是在10%以上（具体看类目的平均情况，至少要大于行业的平均值）。

2.不要添加与宝贝属性不符合的关键词，即使它能带来很大的流量。

3.上直通车前，最好先布局下评价晒图，评价不需要多，有10组左右就可以。

4.开直通车前，一定要设置店铺优惠券、赠品等，所有的操作都围绕着成交去做。

5.直通车的核心成交关键词和标题里面布局的引流词最好一致，目的是在短期内迅速拉高1～2个关键词的权重，以此来获取更好的排名，获得更多的免费。

上直通车前一定要进行测款，并且注意以上几点建议。很多商家习惯性靠自己的直觉，觉得想推某款产品就马上上架，然后直接推送，这会使得我们在没有做足准备的情况下，消耗大量的金额，却没有获得很好的效果。只有我们做足了准备，才可以事半功倍。

第32条：2020年家具行业的变化影响

2020年开年，大部分公司都是居家办公。对于家具行业来说，会有以下几个方面的影响：

1.2020年的展会数量减少，原本上半年和下半年的展，都会集中再合并减少，不减也会把规模缩小。

2.SOHO办公家具会大幅度的增长，居家办公的人可能会发现缺点居家办公的家具，SOHO办公家具能够匹配符合家庭环境的产品。

3.改善型的装修需求会剧增。长期居家办公，也许会发现很多家具都应该换一换，而重新装修又太麻烦，但换部分家具是行得通的。特别是客厅和餐厅的家具。

第33条：居家远程办公提高效率的5点小建议

春节过后，大家都选择居家远程办公，这可能是很多人之前都没有体验过的新方式。

为了提高工作效率，结合我过去很多年跨地区远程办公的经验，给大家5点小建议：

1.开工前务必开在线的全员会议

最简单的工具就是微信发起语音电话会议，简单易用。目的就是让团队都明白，要正式开始干活了。此外，需要调整休假的状态，约定统一的上下班时间。同时会议最好明确近期的工作目标和重点事项。

2.每天安排有仪式感的例会

每天早晚打卡，汇报进度，老板记得多鼓励员工，营造良好的氛围。毕竟居家办公很容易放弃和效率低。

3.客服在线"测试"并适当表扬

为了保持客服团队的接单习性，可以安排人员对客服进行测试，用小号去询单。检测客服遇到的问题，和有什么需要提升的。会员们可以互相帮忙测试对方的客服。同时结束后截图发到工作群，让客服团队时刻保持警觉的在线状态，最好以表扬的语气讲这件事。

4.及时点对点沟通和小组沟通

每个负责人最好在开始的一天时间里，和团队中的每个成员有1对1的语音或者视频沟通，了解其工作进展和问题。对于各个小组，比如客服团队、运营团队，还可以单独开个小会，这样会使他们更容易进入状态。

5.适当组织娱乐活动

比如开展视频歌唱比赛之类的调节氛围的活动，它有助于提升团队的凝聚力。

第34条：写好电商文案的5个要点

如果说价格是电商的第一要素，图是第二要素，那么文案为第三要素肯定不为过。如何写好电商文案呢？结合我们做咨询案例的一些经验，以下5点给大家参考：

1.场景化切忌过分夸张和无意义的拔高：用户是来买东西的，不是来听你夸夸其谈的，解决使用场景的问题更重要。

2.少用形容词和修饰词：大多数人习惯使用形容词，特别是极限词，但实际上用户没有体验感，无法共情，因而不如简洁明了的表达。

3.文字尽量口语化，核心是要让人看得懂。

4.力求精简：手机端位置有限，字多就不容易突出，因此能少一个字就少一个字。

5.多用行动词：文案的目的是服务于卖货，引导下单的词汇都是好词汇，如咨询客服、领取奖品、点这里、收藏等。写了不一定会更好，但一般情况下比不写要好。

第35条：2月份发不了货的经营建议

由于物流和工厂复工的影响，大部分工厂是要3月1日后才能大规模恢复生产。那么在接下来没货可发的2月份，作为一个电商企业应该怎么做呢？我的建议是做好以下5点：

1.老板别慌，重新调整工作规划，多组织团队培训，提升团队人员的能力，确保员工的工作积极性。

2.严格控制成本和支出，节衣缩食，保证良好的现金流，同时在战略性机会上要舍得花钱，别人恐惧我贪婪。

3.尽可能地发货，承诺时间尽量延长。多渠道找货源，能发货的时候一定要快速发货。顾客问发货时间时，尽量不要说得太死，避免纠纷。

4.做好预售和私域流量，预售能做一单是一单，自己能控制的流量渠道要用好，争取更多销售。

5.关注市场变化，要做好新品测试，行情好转后立马发力。

（如果发放工资有困难，可以跟员工沟通，比如一二月份的工资先发一部分，年底或者后续月份再发剩余部分，同时支付利息。这也是留住人的好方法。）

第36条：发货的投诉如何规避

针对物流停运影响发货的各类投诉问题，应该如何规避？我总结了以下3类问题和对策：

1.年前承诺年后发货时间的，现在买家投诉怎么办？

与买家沟通，货物将延期发出，具体时间目前暂不能确定，物流正常后会提前联系告知，如遇买家发起投诉，可在后台投诉页面，上传当地相关文件通知或者物流通知，将情况说明，投诉不会成立。

2.年前发出的快递，中途停运，客户申请退款的，退货运费怎么算？

商品没有到客户手中，货物在途，按照正常流程，联系物流暂放，正常后退回，告知客户延后退款。

3.1到9号客服居家在线办公接单，如何沟通发货时间，避免投诉？

最好不承诺具体的发货日期，需对发货时间做保守估计，给自己留有余地，另外也把可能延迟的情况给客户说清楚，特别是对收货时间要求高的客户。但是早下单，才能早发货，还是要催促客户。

第37条：特殊情况该如何调整运营推广策略

遇到人力不可抗拒的特殊情况，快递物流不能发货，运营相关人员不能及时到岗，我们该如何运营店铺？建议做好以下4点：

1.付费推广

物流和快递不能发货，我们应该保守推广，如加购成本低以及询单率高的情况下可以调整推广费用，高询单率和低加购成本可以忽略。

2.详情页

特殊情况的表达，文案尽量引起访客共鸣，有进行相关慈善工作的可以在详情页进行表达。

3.免费流量

适当的补单，补单别着急发货，尽量延长发货时间，快递未恢复的时间发货风险非常高。

4.粉丝运营

店铺微淘或微信粉丝较多的商家，可以用该事件作为话题，店铺的相关应对策略作为形象，激活店铺死粉以及提升店铺品牌形象。

特殊情况下，所有店铺的情况都是平等的，我们更应该平静心态去做一些容易完成且高效的事情，后续恢复正常后便于加速起跑的步伐。

第38条：面试选人的4点经验

人才是企业之本，企业的竞争力最终极是人才的竞争。选对的人，选同路人，选志同道合的人，是作为HR的关键技能。怎么从众多面试者中挑选潜力者，筛选与公司共生的人呢？

1.人品排第一

过往无不良史的，比如说挪用公司财产、人际关系差、无道德底线等这类人不能用。

2.经济负担重

有车贷、有房贷、家里小孩子多、家庭条件艰苦的人更能吃苦，也更有责任感，和更懂得珍惜。

3.学习能力强

学历对于刚出社会不久的人是一个基础筛选，读书多的人综合能力相对会高些。而对于有经验的人，看他过往的工作成绩，及在过往工作中沉淀下来的思维逻辑与方式方法。

4.不计较时间

电商是一个工作时间长，突击任务比较多的行业，需要有时能加班、愿意加班的心态。

人选对了，技能的培养只是时间问题，找对老师，找对方法，愿意花时间学，就能成为专才。

第39条：私域流量应该怎么玩

我们大部分运营同学看到的流量都是淘系的，但实际上更加私有的是个人微信端的流量。

在微信上，目前私域流量的玩法通常有以下三种：

第一种：购物助手

利用移动社交工具，为顾客提供商品、活动信息以及便利服务，满足消费者希望获取丰富信息、享受更多实惠和便利服务的需求。通常适用于销售端、百货商店等，如微信客服家居导购。

第二种：话题专家

由"专业人士"引流，组建高用户黏性移动社群，发布高质量内容，帮助消费者与志同道合者形成群体归属，除信息和便利外，重点传播功能学习类的内容。适合有显著特征的消费群体的运营，这类群体具有共性需求且组群意愿高的特点，如"专业性或生活方式"的品类。如"新房软装分享群"。

第三种：VIP私人伙伴

通过一定社交，成为顾客生活的一部分，提供个性化专属互动，提供给消费者私密专属的社交体验，全方位满足顾客的生活诉求，并提供丰富的情感关怀。这通常适用于客单价非常高的奢侈品或者教育、健身行业。忠诚顾客价值高、具备较高私密性，并且个性化要求较高。如"至尊VIP特权福利"。

以上三种结合一起运营，让用户相信你，愿意看你的朋友圈，知道你真心关心他，觉得你是一个懂他的人，而不是一个冷血的机器。私域流量的最高境界，就是一个有血肉、生活、感情的专家及好友。这个时候付费购买，只是需求和时间匹配问题而已。

第40条：特殊时期开工指南

特殊时期能正式办公的企业依旧是少数，不管是线下还是在线开工，需要做哪些准备呢，5个模块简单梳理一下，供各位参考：

一、运营模块

1.发货公告写上预计的时间，尤其要说明早下单早发货，尽一切可能争取多的成交，不管货能不能发出去。

2.素材中心，决定了手淘首页、有好货、每日好店等流量获取，所有产品都上传。

3.活动筹备，能报的都报，还是一个原则，争取多卖货。因为一切困难都是需要通过多卖货来解决。

4.私域运营，微淘、群聊、直播、定向优惠券做起来，别忘了。

5.新品推广，作图、测试、优化不要停止，机会只给有准备的人。

二、客服模块

1.数据监控，赤兔数据、聊天记录。

2.及时处理客诉和售后退款问题。

3.统一设置好自动回复，特别是顾客关心的发货周期问题。

4.询单转化，争取一切机会多成单，不成交也要每天统计好。

三、供应链

1.库存盘点，看看还有什么，以及接下来缺什么。

2.关注物流发货通知，抢一切发货机会。

3.新品打样（如可以），建模。

四、品牌视觉

1.页面优化，老品提升，拍摄优化。

2.产品规划，特别是接下新品的进度调整。

五、人事财务行政相关

1.人才盘点和培训，招聘和裁减计划，避免舆论风险。

2.资金盘点，至少准备3个月的现金流。贷款需求核算，推广预算增减都要考虑。

3.关注当地政府和社区的相关通知。

第41条：如何设计活动页的排版与氛围

活动页面版式设计是传递活动信息的重要视觉手段，是用户与互联网之间相互交流的最初印象。它的主旨是能更好地把信息传递给客户，使网站所要表达的主题一目了然，可以参考以下4个设计流程：

1.理清思路，确定风格

对运营及领导的需求进行收集整理，摸清楚设计的思路，确定活动页面的风格。

2.搜集资料，搭建框架

页面信息的框架布局就如大型超市，将货品摆放时，需对类别、大小、价格等进行不同布置。要在视觉上对消费者的浏览和选购提供便利性的引导。结构设计合理，可以提高视觉的逻辑性，便于浏览者阅读信息。

3.构思画面，寻找素材

根据活动主题的内容进行画面的构思，想想气氛活跃的现实场景有哪些？我们可以联想到很多场景，比如演唱会、游乐园、运动会、婚宴场景等。确定主题、色调、辅助元素的搭配，下一步进行素材的收集下载。

4.营造氛围，完善设计稿

根据活动主题展开设计，强调形式感，让用户跟随整体的设计去感受页面氛围。最后不要忘了调整整体元素、色调后输出。

设计活动版面的时候最好能颠覆常规的页面，跟别的商家形成差异，这会给人耳目一新的感觉。

第42条：利用标签单拉动首页流量

首页流量怎么提升，通过人群标签、竞品标签来达到目的。同时，让产品质量、图片点击率、客服能力来帮助拉动。方法步骤如下：

1.选用自身店铺精准人群，年龄、价格段、性别符合的人员。

2.提前测试好高点击率的图片，主要在"超级推荐"和直通车上测试。如何判断高点击率，一般是市场均值的1.5～2倍。

3.首页标签单玩法：

（1）利用关键词搜索产品，找出同价格段同类产品收藏或者加购3到5款，浏览5到8款，每款10到30秒的时间，然后返回退出手机淘宝，流量首页看看是否有我们的产品，有的话询单下单，如果没有隔天继续上述步骤，直到操作出来为止。

（2）搜索关键词，找到自己的产品。（如果找不到就限制条件筛选。）找到以后不要进店，按住主图不放，跳出相似款，浏览这些相似款，大概5到6款。每款10到30秒的时间，浏览结束后返回。开始浏览我们自己的产品，时间1分钟内，要收藏或者加购或两者都有（这种叫作种草），然后返回首页看"猜你喜欢"的位置，有没有出现我的产品，出现的话，找到就可以下单。没有出现的，关闭淘宝App，重复以上的操作，出现了就可以下单。

4.连续操作5天以上，中间不能断，最好用自己的鱼塘操作。

5.核心打标，账号标签精准，递增产值。

注意事项：

1.搜索关键词，找到自己产品的这一种方式，一天重复5次，如果还是不出现，就需要隔天操作。首页打标是比较难的，有的账号3天都打不上，这肯定是你的方法有问题。

2.打标后，你可能今天首页出现了自己的产品，第2天你再次打标，出现的是小黑盒。

3.淘金币同样适用此方式。

第43条：新入职员工培养

合适的人招进公司后，怎么对新员工进行岗位技能培训，对公司文化与制度又如何进行宣导？推荐做好以下4个方面：

1.可视化的学习计划

针对新员工岗位技能培训，要制订一个具体的学习计划，明确好学习的事项、时间安排、负责人等，这样有利于新员工清楚学习方向及学习进度。

2.可衡量的学习目标

针对每一项学习计划，需要制定合格的标准，及时进行学习结果测试，确认是否真的学会了，理解了。可以是试题，也可以是面谈，或者是新员工每天的学习报告。

3.靠谱的老师

老师必须具备耐心、同理心、岗位专业度。老师带学生，是复制自己的能力，名师出高徒。师兄或师姐制是一种比较高效的学习方式。

4.学习结果及时的反馈

对新员工每项学习结果，优秀的与不足的都要及时反馈，肯定可以增加员工自信。不足之处，要帮助员工及时改进。

针对新员工入职培训，公司在平时要做好案例沉淀、岗位职责梳理等工作。此外，透明的公司制度更能帮助新员工快速了解岗位，了解公司。

第44条：客户要优惠应如何处理

电商客服在跟客户议价的过程中，常常会用到给客户赠送礼品或者申请折扣来促使客户下单，这就是我们常说的优惠（折扣）法，使用优惠（折扣）法应该注意什么问题呢？

1.赠品或者折扣是有交换条件的

这个交换条件可以是："您今天能下单吗？您要是今天能定，我再给您申请优惠点。"或者"您看能不能加上一个床头柜呢，我再给您申请优惠点？"等。

2.折扣是限时限量的

不能今天给他，明后天也给他。如"您现在下单的话，小A帮您申请下，提前享受这个优惠"。

3.适当演戏，要表现出为难

不是那么容易申请的样子，最后给他意外之喜。如"老板昨天还批评小A说给了太多优惠都没钱赚。价格上已经是最低价了，小A最多最多再给您送两个抱枕，其他人都只送一个的"。

4.议价过程需要注意

立马给顾客最优折扣，顾客是不可能感觉"赢"的，客服让步幅度是递减的，让步的难度是越来越难，并且让步次数一般不要超过3次。

第45条："超级推荐"高流量图是否要变成主图使用

受不可抗力因素影响，家装人群的购买欲望不足够强烈，付费流量的推广效率非常低，但手淘首页"猜你喜欢"的流量却异常活跃，尤其是"超级推荐"，PPC和加购成本特别低。如果在推广"超级推荐"的时候发现某个创意主图特别容易获取点击量，我们是否应该切换为主图？

1.如果产品链接本身具有比较高搜索权重和人群权重，不建议为了获取首页流量而进行主图切换，毕竟搜索流量更容易产生转化。

2.如果产品本身免费流量不高，我们可以进行直通车测试，如果原主图点击率和预备切换的主图的点击率差别不大，建议进行直接替换。

3.如果产品本身不具备免费流量的权重，建议直接替换，同时获取到高点击率和展现量的创意主图，我们要总结视觉的表达方式并进行沉淀。

"超级推荐"、手淘首页流量尽管投产不高，但流量规模非常可观，除了能为我们产品的免费流量强化人群标签，也能实现直通车精准意向人群的规模扩大，所以在运营推广中不要忽视。创意主图是获取手淘首页流量的核心，我们更要沉淀容易获取免费流量的视觉表达方式。

第46条：如何建立店铺整体VI规范

视觉VI系统规范，标识基本要素规范是由标志、中英文标准字及标准色等构成，它们是整个标识信息和形象识别的核心。

1.LOGO使用标准

首先确定LOGO的组合方式，展示标准以及色彩应用标准。

2.主色调使用标准

规范主体色调的统一性，是做好品牌视觉调性的第一步。

3.字体应用标准

字体的统一与规范，更能带来品牌的视觉冲击，其中包括字体、字号、颜色、间距的标准。

4.标签应用标准

标签，一个看似不重要，但又随处可见的东西，如果不加以管制，就能变成品牌视觉的杀手。

5.店铺框架设计标准

品牌展现的就是店铺，而店铺的框架就犹如房子的结构一样重要，支撑着消费者对品牌的一切需求，店铺的框架设计也应该有标准。

框架设计&陈列原则如下：

（1）使客户及时、准确地找到喜欢的商品，不在店铺内迷失。

（2）使客户及时、准确地找到商家想推广的商品，提升转化率。

（3）配合自身的营销策略，合理地陈列产品。

6.主图展现标准

采用统一的主图应用规范，避免出现参差不齐的主图，破坏整体视觉规范。

7.导航设计标准

统一的导航标准，犹如一个酒店的引导标志，清晰、有效而又温馨近人。

把最富感染力的元素作为传递品牌信息的核心不断加强，买家在浏览时会潜移默化地受到影响，并且记住，这就是通过视觉塑造品牌的方法。

第47条：被降权后，如何补救恢复流量和排名

淘宝的虚假交易处罚是有多个等级的，订单确认收货交易风险保障、虚假交易提醒、删除销量评价、扣分降权，扣2~12分，最严重的是扣48分，直接封店。被处罚后，怎么保住店铺综合权重？可以从以下几个方面入手：

1.保住店铺层级，我们要把能用的引流渠道都打开，确保店铺不掉层级。

2.保住店铺动态评分，弥补失去的综合权重。具体操作可以从快递、买家信用、赠品等方面入手。

3.保住综合支付转化率，只要不亏本，多给些赠品保证真实成交的转化率。

4.保住店铺的退款率，这个时候尽量做好售后，退款率不要高于行业均值的退款率，售后能补偿就补偿，做到在能力范围内满足客户的需求。

5.保住店铺的流量，考虑内容营销、直播带货、付费推广等办法将销量拉回来将损失降到最小。中小型卖家可以设计店铺营销活动，通过清仓、限时、秒杀等活动来鼓励客户收藏加购。只要能保证降权期间的流量，利润可以暂时不计较。

6.店铺的主推爆款被降权了，需要立刻将注意力转移到辅助爆款上。如果店铺没有辅助爆款，就会产生销售额断层。

7.低客单价产品补救方法，可以选择推辅助爆款，或重新推宝贝（注意：主图和标题要换，不能一模一样），通过淘客速度把销量拉起来。

8.高客单价产品补救方法，通过老客户来补救，可以针对老客户做一些大额优惠券。同时直通车加大对精准人群的溢价。自建鱼塘很重要！

第48条：春节期间工资待遇怎么算

2020年这个"超长"的春节假期如何发工资？我仔细看了国家的相关规定和一些律师的答疑，简单梳理三点：

1.春节延长假（1月31日到2月2日）不能补休息，要按照规定支付加班工资。

2.支持协商未返岗期间的工资待遇，先用休假抵扣，超过可以按照最低工资标准的80%发放生活费。

3.支持困难企业协商工资待遇，可以协商调整薪酬，轮岗轮休，缩短工时等方式稳定岗位，可以协商延期支付。

以上所讲的工资，都指的是基本工资部分，像销售提成这种和当期劳动结果相关的必须正常支付。

第49条：复工在即，作为企业要做什么

这两天各地陆续传来复工复产解禁的消息，估计到月底大部分核心产区都逐步恢复了。一方面我们要去了解各地政府部门的相关规定，同时作为企业要做什么呢？

我认为至少有以下5个方面：

1. 安排员工尽快回到工作城市，重点地区的先别安排，非重点地区的，要让员工提前回到工作城市，预留居家隔离办公时间，减少不必要的风险。

2. 检查员工是否有风险，利用好支付宝的健康码。为了避免员工隐瞒等情况，可以让每个员工申请一个支付宝的健康码，根据红黄绿码来判断员工是否有感染病毒的风险。

3. 准备适量的物资，口罩、洗手液是必备的，电子体温计最好也有。

4. 联络供应商，了解对方复工复产的进展和情况。作为上下游，及时了解材料、工厂、物流等供应商的复工安排也很重要，这决定了你什么时候可以开始推广和给用户承诺。

5. 调整好心态，打好一场仗。毕竟这次假期太长了，员工心态也会有变化，鼓舞士气、介绍公司的资金情况等都是有必要的。同时最重要的就是用一场胜利来让团队团结起来，所以接下来的"三八女王节"，就是一个可以设定的小目标，用做"双11"的心态来组织，集中力量打好这一仗。

第50条：复工后什么时候发力比较好

3月初恢复开工，过去这一个月的时间，绝大部分店铺都属于在维持状态，那么接下来什么时候发力比较好呢？基于这么几个标准来判断：

1.物流恢复前3～4天的时间，虽然工厂开工可以陆续有货，但物流才是关键的关键，所以确定大部分物流恢复时间，计算他们从收货到发货的周期。比如：按照3天左右能收满货发车，那么推广一个星期的时间，也就是你需要提前4天开始发力。

2.搜索词升高的时候。这是运营的基本功了，相关的搜索量代表着需求，呈现上升趋势就是你必须要放弃保守运营，得开始发力了。

3.活动卡节点倒推，最近的大活动就是"三八女王节"，那么无论如何3月1日你都必须开始发力，否则一定跟不上。

综上三点，建议大家下周开始可以陆续放弃保守运营，开始发力了！

第51条：近期天猫发货规则变更注意事项

由于工厂和物流仍未全面恢复到正常状态，针对这段时间的订单发货问题，特梳理以下天猫关于发货规则变更的事情，大家按规则注意调整。注意4个要点：

1.1月17日到2月11日期间的订单，如发货地属于重庆、上海、北京、湖北等地的，延迟发货赔付可暂时予以免除。如遇到买家投诉延迟发货，可以提供物流证明或者提交情况说明拒绝。

2.2月12日起消费者付款的订单，除发货地在浙江省温州市或台州市等的商家订单，需在48小时内发货。定制或另行约定发货时间的商品不算。针对家具类，如无法恢复发货的，可在页面说温馨提示，或者将约定发货的时间往后推，跟客户沟通清楚。

3.如果确实存在延迟发货被投诉，又不在天猫调整的免处罚时间内，或者定制产品货还在物流当地，客户以此为由退货的，可以提供物流的情况说明。

马上复工在即，可以重点关注一下物流发货通知，抢第一发货时间。货物发出越快，资金回笼越快。

第52条：发不出货该怎么优化操作

工厂物流还没复工，一方面我们产品的正常供应会受到影响，二来物流还没正式开工，导致很多商家有订单也发不出去，这时候应该怎么操作呢？

1.联系供应商，确认库存和后续供货能力及周期。

2.在详情页放上紧急通知，说明受到疫情影响，有物流延迟的情况，再补充预计发货时间，必要时给予让利补偿，尽可能留住客户。

3.根据后续的库存供货能力，调整推广方式和渠道，等待同样是非常重要和有价值的。

4.此期间的付费推广，得根据转化和投产进行考虑。转化率高，就继续正常投放，反之就降低预算，不要冒进投放。节省每一颗子弹，每一分钱。

这个阶段应重点放在团队学习提升和内功优化上面，并且时刻关注最新动态，为之后的爆发做好准备。

第53条：标签背后的本质

我们一直谈及标签这件事情，但是是否真的了解标签的核心本质？用户在阿里平台上的无意中的行为轨迹，包括浏览、点击、滑动、收藏、加购、对比等各种动作产生的庞大信息建立了属于自己的信息库，这是标签的逻辑。

如何利用好标签呢？

1.标签利用的核心是通过不同的标签和组合方式提高优化数据的价值。

2.未来的机会在于人群标签利用能力上，它必然是未来企业之间竞争的最大空间。

3.标签的本质是提高数据价值。

4.系统人群的价值和流量源泉基于基础属性人群标签和初始人群画像。

5.基础属性人群是不断叠加和迭代一个店铺标签的根基。

6.近期行为标签权重比远期的标签权重要高。

所以标签的时效性和不断地叠加和迭代在有效的时间范围内进行闭环的设计。人群标签的最大价值就是判断对应人群是第几次触达自己店铺。在这个高价值闭环中不断强化标签，让符合匹配自己店铺的人群不会被对手"抢"走。对高价值流量进行适应，全时的传播针对"场景"完成营销体系的搭建，提高流量价值，这就是高流量价值闭环链条体系。

第54条：如何提炼卖点与同行差异化

卖点提炼是每个店铺都必须要做的事情，如何提炼出有优势的卖点，并且还和竞品有不同呢？重点关注以下三个方面的9点：

一、深度分析同行卖点

1.通过一个关键词，找出可比性、代表性的5～10个同行商品。

2.分析同行的主图、详情页、价格、营销策略、促销方式、关联搭配等。

3.罗列出同行的卖点，把自己能用的提炼出来。

二、分析买家关注需求

1.通过同行的评价以及"问大家"，找到买家的关注点是什么。

2.把关注点翻译成需求点，既然他提问了、关注了，就证明他有需求。

3.把买家的关注需求变成自己的卖点。

三、结合自身罗列商品卖点

1.对自家的商品要熟悉，从产品属性中罗列出产品优势，提炼购买理由。

2.符合买家关注需求点的卖点。

3.让客服登记整理买家常问到的问题，从里面挖掘出深层次的需求。

卖点是给买家看的，所以一定要用买家看得懂的通俗语言去表达。有的卖点不够简明扼要，把卖点图片文案搞得很复杂，反而无法下单，其实买家可能仅仅只是需要一个很简单的场景表述。

第55条：关于时间折扣的运用

直通车时间折扣设置作为直通车推广最终出价的调节器，大部分商家仅作为直通车高权重后进行拖价的工具，其实直通车时间折扣的设置还会有其他的运用。

1.基础运用

使用生意参谋，推广关键词的参考出价。使用时间折扣在平台无流量的时段不投放或低价投放（如2：00~6：00）。

2.中级运用

通过直通车工具的数据解析，分析类目关键词不同时间段的人流量，进行不同的出价调整。

3.精准运用

通过均匀投放测试，精准到每小时流量，观察哪个时间段，获取的点击量和点击率是最高的。如果做直通车权重，则在点击率最高的时段把日限额花费出去；如果要做日常的流量，则选择点击量最容易获取的时间进行溢价获取流量；其他时间段减少溢价或者不投放。

通过测试的方法找到商品受众群体较集中的购物时间，能为直通车推广节省费用，尤其在目前的特殊情况下，资源的节省也是非常重要的。我们沉淀了时间折扣后，可形成自定义模板，可运用到智钻和"超级推荐"，这是适合自己店铺产品推广的时间模板。

第56条：提高远程办公工作效率

近年来远程办公的规模在不断提升，特别是在今年这种情况下，很多公司都在远程办公。居家办公，是不是一定就效率低呢，据不同的公司反馈有比日常还效率高的情况，什么原因呢？

一、居家办公，需要建立一个工作环境，实现工作仪式感

1.要有一张专用桌与专用工作椅，坐在上面就意味着进入工作状态。

2.定时戴上工牌上班或工作群在线打卡。

二、培训工作心态

人人带着凡事有交代，件件有着落，事事有回音的工作心态。

三、三个定期会，确保工作节奏

1.每周一开始在线共识会议。

写1到2个工作目标，3到4个结果指标。

2.每日在线晨会。

每人三句必说的话：

我昨天做了什么工作？

我今天做了什么工作？

我遇到了什么困难，需要什么帮助？

3.每周五结束复盘会。

成果回顾，共享进度：本周的目标与结果指标是否完成？复盘本周的工作内容。

第57条：运营计划调整三要点

受延迟开工影响，销量以及店铺原先的运营计划都被打乱，该怎么办？建议做好以下三个要点：

1.夯实基础

建议为最近这段时间要打造的产品做一些基础准备，这时候就拼谁的基础功做得牢，做得扎实。开工后，谁就更容易打造出爆款。页面设计、图片测试、价格力摸底，都是目前可以做的事情。

2.重订计划

销量计划建议根据目前实际情况，往后推迟，重新制订，特别是有小二负责的店铺，一般都会给你制定很高的目标，除非签了年度协议，不然不用在意，公司是自己的，不是别人的。

3.调整节奏

后期对运营的考验要求会更高，需要的成长周期和反应速度，一定要比之前快。

在这段时间里需要做好阶段性的产品规划，在工厂和物流基本恢复的前一周，开始发力推广。

第58条：设计新产品，节省成本的5点有效方法

家具行业设计一款产品，可以多做一些数据的分析，目前现状是整个行业规模化生产普遍不高。尤其是实木方面，产品成本增加，生产周期延长，经营管理越来越难。同时，这也遏制了新品的开发速度和质量，增加了开发成本。

因此如何在不影响功能、审美的前提下，设计出成本低，并吸引用户眼球的产品呢？我的建议有以下几点：

1.结构、尺寸、画法、标记等各个方面尽量标准化，便于各个流程的配合效率高，避免有特别难实现和运输难维护的部件。

2.多用通用件，一个行业越成熟，标准化、通用化、系统化的程度越高，标准件就越多，行业成本就越低。

3.既有的元素要往深度叠加发展，而不是一味地创造新的元素，要节省成本。

4.在产品中多增加一些人性化的小部件，要便于生产，又要看起来价值高，吸引用户提升自己的产品价值。

5.组合性家具要拆装方便，核心是设计合理和配件适当。

第59条：如何避免无效工作

你有没有这种情况，团队经常说很忙，工作很多？确实工作也是饱和的，但是一个月下来没感觉他们做了什么有价值的事情，或者重要的事情都没有完成。这个时候你要思考一个问题：是不是团队的成员都在做"紧急但不重要"的任务。为了避免出现这种情况，可以用召开研讨会的方法来解决。

1.每隔一段时间开一次（如季度）关于制定工作优先级的研讨会，就不该做什么达成一致。避免团队成员的时间精力放错地方，你可以这样问："现在有哪些是待完成的工作？""有哪一些工作长期来看是重要而有价值的？""我们应该停止哪些没有意义的工作，或者是费时但是作用不大的工作？"这样一轮问下来，相信答案就会很清晰了。

2.通过讨论工作的优先级来达成一致，重要的工作一定不能落下，确定重点工作。

一般来说，这样的研讨会可以减少浪费的工作量，把大家的目标聚焦，更有利于后续工作的推进，把重要的事项重新置于紧急事项之前，可以大力提高工作效率。

第60条：核心产品如何通过产品裂变来实现增长

每个产品的流量获取能力都有天花板，但要开发一个受欢迎的产品需要大量的资源和时间，而店铺在短期内无法获取更大的流量规模，这时候我们可以让店铺受欢迎的产品进行裂变。也就是同一个店铺的一个产品通过包装改造，裂变成针对不同渠道和需求的多个产品，但实际供应链是一个。因为容易获取流量和转化的产品特性，短期内不容易改变（无论链接的ID数字如何）。产品裂变的操作步骤，核心是要争取更多流量渠道，同时避免重复铺货处罚。

1.不能使用原图片空间的图片，容易被以为是重复铺货，图片需进行微处理及图片空间新建储存位置。

2.产品的主标题、价格、属性必须进行差异化设置（如一口价、SKU、产品属性等），完全一致容易被认为是重复铺货。

3.主图是获取流量的核心，尽量保证原产品的表达方式不变更，进行角度、文案、大小的一些修改。

4.产品的提升力度可以稍大一些，如付费强拉流量等，因为我们已知道数据的结果是盈利的。

产品的裂变可以应用在任何类目，在店铺产品不足够丰富的情况下，能通过裂变促使店铺流量规模增长。它获取流量的能力约为主产品的二分之一到三分之二，后续裂变的链接可以作为大促活动预热或日常官方活动使用，而不影响主产品的流量获取。

第61条：电商卖家应对纠纷指南

今天是3月1日了，下午有会员聊到3·15投诉的问题，结合过去几年的经验，以下几方面需要特别注意：

1.准备好质检报告

任何质量问题，没有质检报告都是致命的，因此提前准备好质检报告。

2.安排页面检查

极限词，以及全××、100%之类的词都尽量少用。

3.儿童家具注意标识

这个是以往都会特别关注的点，儿童家具经常出现的问题就是明明质量没问题，但是因为标识不全、不明显，而被判定为"质量不合格"。

4.交易纠纷注意解决

要有理有据、客客气气地与顾客沟通，避免产生不必要的纠纷。

第62条：如何提高设计（美工）的工作效率

1.统筹工作，确定先后顺序

确定工作目的，以及最终需要达成什么结果，这就是我们的目标。每个部分所需要的时间，以10分钟、1小时、半天这样估算。

2.有效沟通，明确需求

身为一名优秀的设计师，沟通和协作是必修课程，在与运营和客户协作的过程中，首先要明确解决的是什么问题，即弄清客户的需求，明确设计的方向，和最终达成的结果。

3.做好任务，管理时间进度

对任务进行优先级处理，制定时间进度表。制定严格的时间进程，就是给我们急迫感，避免时间拖延和浪费现象。

4.培养高效的设计思维与能力

提高设计思维这个阶段需要结合所面临的实际问题，并根据我们自身的设计经验，进行创造性的设计，学会站在市场的角度做设计，一个好的设计一方面能够兼顾客户和领导的需求，另一方面能展现自己的设计。学会观察对于设计师而言是很重要的能力，一个设计师想要有敏锐的观察力，就要善于观察生活，并勤于思考，将生活的元素融入设计，才是真正好的作品。

第63条：一名优秀店长的养成记之一——店长的类型

你的团队缺一个优秀的店长吗？可能每个老板和运营负责人都会说，"缺啊"。那么，一名优秀的店长是如何养成的？想要进阶店长的员工应该如何自我进化呢？我们先要了解店长的分类。

在绝大部分公司，店长属于管理型岗位，承担店长职责的人，能力大致分为三种类型。

1.技能型

店铺相关岗位技能都擅长，能干好事情，是团队里创造价值最大的员工之一，特别是有很多是技术派。

2.管理型

技能方面较弱，但组织协调管理能力突出，可以有效地协调与连接团队成员解决问题，带动大家干好事情。

3.平衡型

个人技能突出和组织协调管理能力突出，可以有效地培养团队岗位技能，还能在团队内部高效地进行资源整合与协调，是老板的左膀右臂。

第64条：一名优秀店长的养成记之二——认清定位

每个店长都要认清自己的能力，清楚个人的定位，从而扬长避短，具体来说就是：

1.个人技能型

发挥自己的优势，把个人专业技能转化成团队每个人的技能，让团队成为一个能干好事的团队，同时也要补足自己在组织协调方面的能力。

比如全局观—全店核心指标管理；向上汇报能力、向下沟通能力、团队激励、整合资源能力、自我激发能力等。

2.管理型

擅长沟通汇报，拥有全局视角，优先把团队的必要流程、高效率的做事方法形成透明标准化机制，确保团队的凝聚力与向上力。同时补足短板。

比如各岗位的关键过程或结果指标，理解其基本原理；不一定要会做，但要有判断好与坏的能力。

第65条：四条客服必备沟通方式

客服在整个成交过程中有着无比重要的作用，特别是在高客单的产品转化中，那么有哪些沟通方式是客服应该必备的呢？

1.好处

解答问题的核心点都要落在对顾客的好处上。比如可以说"预售产品现在买是最划算的，等销量上升之后就会涨价"。

2.逼单

可以以物流为突破口直接逼单，比如可以说"16: 00点前付款今天就能安排发货哦"。

3.提问

当觉察不到客户需求和意图时，用提问的方式拿回主动权，并判断意图确定下一步销售方向。如："我想了解一下您主要是考虑质量还是价格问题呢？"

4.议价要有条件的让步

比如可以说："如果我能争取优惠，您可以现在付款吗？"让客户知道还有一点优惠空间，但是不能直接说优惠多少，还要提出得到优惠的条件，明确客户的付款意向。

第66条：建立品牌调性的4个核心

什么是品牌调性？品牌调性就是店铺独有的个性特点，塑造好自己的品牌才能更好地提高竞争力。一般是通过视觉来呈现，要点如下：

1.配色，能够刺激消费者欲望的

颜色是可以帮助消费者记忆和识别品牌的一个重要因素，因为当消费者第一眼看到图片时，所看到的不是文字或者图形，更多看到的是颜色。

2.字体，能够吸引消费者识别的

字体的选择一定要与我们所要表达的品牌象征所匹配，是能够吸引消费者识别出来的。

3.图形，能勾起消费者记忆的

图形是可以从产品本身、关联属性以及LOGO上去提炼，要符合消费者的品牌需求。

4.品牌，建立消费者认知的

独特的品牌格调是有品牌象征的，是能够建立起消费者认知的。

当我们把这几个点都运用的时候，整个店铺的品牌调性和差异化的识别就出来了。

第67条：如何充分利用生意参谋的隐藏用法

生意参谋中的市场行情数据分析中，有行业店铺流量分析的数据、各店铺的排序流量指数、行业的产品交易数据。同时，哪款产品的交易指数是多少，还有行业热门的搜索词，也可以在这里看到。这些优秀的店铺都是值得我们去学习的，无论你销售什么产品，想要做好，首先需要懂得借鉴，这样才会超越对手。

生意参谋中的隐藏用法，下面分3个部分来讲：

1.用生意参谋打造一个高权重的标题，标题写得好，对于提高搜索和展现量，从而提高新品的人气权重还是有一定帮助的。

（1）选词助手——行业相关词，在搜索框中输入所要查询的关键词。在这里我们可以清楚地看到产品关键词的流量增长情况，那么我们在做产品标题优化时，就可以根据这个数据来选有潜力的关键词。

（2）搜索人气大的，在线商品数少的词语。人气代表市场需求。而商品数反映竞争情况。

（3）站在消费者的角度选择关键词，合理地给关键词出价。

2.生意参谋——经营概况

在生意参谋中的经营概况中可以看到网店的访客数、浏览量、支付金额、支付转化率、客单价、退款金额和服务态度评分等数据。对于前一天和上周同期分析的数据，数据的下方有一个红色的感叹号，这个是我们日常参考的一个重要指标，而红色感叹号的出现，就说明店铺这项数据的指标存在不平衡。数据波动较小可以不优化，数据波动太大的话需要及时调整优化。

3.生意参谋——分析交易趋势

我的所有终端的支付转化率和同行平均所有终端的支付转化率的对比，行业转化率，这个是很关键的指标，有了这个指标，我们做爆款、直通车、关键词排名时，在淘宝就有很大的优势了。

第68条：家具产品如何做口碑宣传

对于大件家具产品来说，为什么要做口碑宣传？口碑应该怎么做？大部分用户对装修不了解，而家具购买本身是大决策，用户自己没办法做快速选择，所以更需要参考不同维度的推荐理由，他们需要口碑作为决策指引。

既然口碑这么重要，商家如何运营自己的品牌和产品口碑呢？思考一下，谁的口碑最重要？答案是老顾客、装修达人、设计师。那么针对这三种人的口碑我们该如何运营？

1.老客户口碑如何运营

老用户的口碑基础组成是使用场景图和评价。常规手段就是送货上门安装好之后，让他们拍几张照片或者小视频，点评一下发到一兜糖或者其他指定平台，包括朋友圈。

2.达人口碑如何运营

邀请你们当地的装修达人，去门店代表用户深度体验一下产品，并且写一篇评测文章发表一下就可以了。装修达人最有价值的口碑是评测文章。

3.设计师的口碑如何运营

一般是设计师分享案例作品的同时，推荐品牌或者产品来影响用户消费决策，比如像一兜糖上面就有很多设计师是可以合作的，案例要做到真实且美丽。或者找KOL（关键意见领袖）网红做案例宣传也可以。

总之，产品展示最佳的效果是让用户快速找到，品牌推广最好的方式是让大家说你好。

第69条：达摩盘人群的正确使用

开工后市场数据处于恢复阶段，付费推广可以用好达摩盘人群[①]圈定指定人群属性，提高溢价精准锁定高效人群，在拉回疫情期间的蓄水人群的同时，能有效为店铺提供人气支撑。

1.基础使用

直接圈定店铺的指定周期内意向人群包括加购、收藏、领券等进行溢价投放。

2.中级运用

切割公域人群的属性，匹配店铺产品测试出高效人群渠道，用合并人群的方式自定义人群包扩大人群口径，获取大量精准流量。

3.高级运用

通过自定义人群包的高点击率，高加购人气的特性，再进一步锁定高流量规模的时间和地域，完成提升计划权重降低PPC的目的。

DPM（数据管理平台）人群测试完成后，必须做数据沉淀备份，DMP的自定义人群包可以辐射到"超级推荐"和智钻进行使用；只有深挖产品人群属性的推广人员，才能在各渠道实现高ROI（投入产出比）投放的目的。

---

① 达摩盘人群：达摩盘是阿里妈妈官方平台推出的一款能帮助商家更好实现精准营销的有用工具。借助达摩盘工具，商家能快速分析店铺客户数据，对不同的人群实行不同的营销战略。因此，对于商家圈定目标消费人群、产品投放具有很大的帮助。

第70条：优秀店长养成记之培养全局观

全局观的核心就是要：看自己、看对手、看行业。

1.看自己：有掌控全店的能力

对店铺的全店数据、核心单品数据了如指掌，全店数据由单品组成，核心单品的数据更重要；形成全店数据统计表、核心单品统计表。

全店所有单品统计表数据维度：成交额、流量、转化、加购率；付费流量、付费ROI、付费加购率；核心流量渠道统计；客服询单转化率。

通过数据统计表，可以清楚地知道哪个单品成交上涨或下降，涨与降的原因是什么。

2.看对手：市场竞争意识

做生意是在一个生态下，有交易就会有竞争，不是说自己优秀就一定能胜出，更多的时候只需比对手优秀那么一点，即可以胜出，选择大于努力。

通过监控竞争对手的核心数据，了解对手的动向，为决策提供依据。

竞争对手和监控报表：针对竞争对手的全店及核心单品数据进行统计，完全掌控竞争对手动向，学习与超越并行。

3.看行业：趋势分析能力

行业数据代表趋势，是平台所有店铺数据的集合，一些缓慢的趋势我们很难从日常的店铺数据看出来。行业数据更能凸显一些变化的幅度，可以给我们更广面的判断，特别是针对未来的一些预判，有一定的参考作用。

行业数据分析维度：叶子类目流量、转化、加购率。顶级成交店铺成交额、流量、客单价、单品。类目大词搜索流量走势，行业飙升词。

以上数据统计，操作熟练后，每天只要花30分钟即可统计完成。

第71条：宜家家居入驻天猫后的挑战与机遇

宜家家居入驻天猫，作为家居行业核心商家，也是宜家全球范围内第一次和第三方平台合作，一天时间内就有147万访客入店，成交额也超过了100万。对于家具行业和卖家的影响，有以下两个方面：

一、主要挑战

1.对中小型卖家来说，宜家擦边球的流量会消失，阿里为了给宜家护航，必然会维护宜家的利益，所以大家尽量注意标题千万别用宜家字样。

2.对部分头部商家来说，排名会有影响，今年"双11"家具第一名是谁，就不好说了。活动排位和流量也会受到影响。

3.会秒杀掉很多没有独特优势的同类型产品的店铺，特别是主要用户在江浙沪地区的，也就是完全在宜家势力范围内的。

二、主要机遇

1.为同一人群提供差异化的产品。宜家会带动大量的宜家粉进入天猫购买家居类产品，特别是没有宜家门店的三四线城市。这些人来了，有差异化的产品还是有巨大机会。就好比海底捞火锅旁边，川菜店生意也很好，因为总有人不愿意排队等待一两个小时而选择吃川菜。

2.提供更好服务的同类型产品，比如在客服和包邮上比别家更贴心，用户就会来找它们。买不到一样的，但看到同类型的产品还是可以养活很多店铺的，但这些店铺通常也做不大。

3.宜家的配套产品，比如宜家的办公椅，如果做这个产品的配套产品，或许就会有机会。

整体来讲，宜家入驻天猫，对行业来说是利大于弊，因为会带来更大的流量和影响力。宜家、居然之家、红星美凯龙，家居卖场三大巨头有一次通常竞技了，作为卖家，只要从差异化和配套化方面做好，机遇远远大于挑战。

第72条：制作主图视频的小技巧

1.控制时间长短，现在的视频时长在60秒，一般人看一个视频到30秒时就会不耐烦了。所以前面15秒，如果不能吸引他，后面的45秒就是无意义的了。因而我们做主图视频尽量控制在30秒内，最重要的内容在前15秒展示出来。

2.视频最好是1∶1或16∶9的尺寸，有利于被多个内容入口，像"猜你喜欢"就可能被抓取过去展示。

3.视频跟主图也是一样，一个视频只表达一两个卖点，尽量简洁明了地展示，表达的太多，买家看到后半段就忘了或印象不深了。

4.没必要每一款产品都去完善视频，有些访客数少、转化低的产品没必要花时间去弄，重点把精力和预算放在主推款上面。

5.每次更换视频后要做记录，看看视频多长时间合适，视频讲述什么内容更容易让买家停留，等等，后续发布新宝贝的视频就有之前的数据做参考了。

第73条：直播新手进阶三要点

电商直播是2020年平台重点扶持的一个方向，在用户红利见顶的今天，直播是电商最大的黑马，一定要做。很多新手直播刚开始都会面临一个观看人数少、没有效果的情况。那如何从新手进阶？下面几点建议供参考：

1.新人主播在15天未达到2级时，公域流量会有一点限制。所以一定要坚持，只要每天播够3小时，就会有扶持流量。这段时间重要的是多熟悉直播的流程，慢慢通过技巧提升直播间人气。

2.直播要给自己和消费者做一个明确的定位，在直播前期以稳定人设、增加粉丝量为主，只有各项基础数据稳定上涨才能获得阶段性成长。

3.新手直播的内容重心要放在维护粉丝、增加黏度上，不要以销售产品赚取利润为主，直播后的数据，要及时复盘，并寻找改善点。

第74条：客服如何与客户建立信任了解需求

好的客服肯定不是只会回答客户问题的客服，更需要的是了解客户，洞察客户真正的需求，学会问客户问题，可以围绕以下三点提问：

1.问使用人群

2.问买家喜好

3.问产品使用场景

举例：如果客户要买的是沙发，客服可以询问客户是新装修还是换沙发，通过客户的回答可以得知需不需要推荐配套设施。如果客户是新装修，可以推荐其他产品，如餐桌、梳妆台等。询问家庭情况可以了解到是否有小孩、老人或者宠物，可以以质量和环保作为卖点吸引客户。询问使用者工作类型，有助于了解客户的哪一部分和产品的卖点相契合。

总之，通过询问的方式挖掘客户的真正需求，是提高转化率的重要技能。

第75条：新品如何快速获取"猜你喜欢"流量

当已经测试出具备高效沉淀人群的新品时，我们除了获取直通车的付费流量外，通过获取手淘"猜你喜欢"的流量来提升产品的权重，也是必须考虑的。那应该如何使用"超级推荐"去获取淘系的推荐型流量呢？

1.主图模仿

通过竞品的筛选，在手淘首页获取大流量规模的竞品。模仿竞品的主图表达，也能获取流量。

2.人群定向

（1）产品具备高价格力优势时，高溢价定向相似宝贝；（2）产品无具体人群定向时，定向店铺已获取高流量规模、精准性较强的产品3~5个；（3）回流店铺的意向人群。

3.渠道溢价

出价使用PPC的二分之一即可，这时我们可以调整渠道溢价，基础设置30%，后续溢价10%，观察展现量规模是否提升，提升即保留，无变化则回调，测试出适合自己的产品溢价。

"超级推荐"作为新兴的推荐流量，具备流量规模大、人群易沉淀的特点，在我们获取"猜你喜欢"大规模流量时，采用直通车和智钻，回流"猜你喜欢"流量是个容易提升销量的方法。

第76条：关键词养分的核心就是点击率

很多运营都很在乎直通车关键词分数，那么，在开始推广的时候，选择关键词高、出价人群低溢价，还是关键词低、出价人群高溢价模式好？核心的逻辑应该是：

1.首先要知道养分主要靠的是图片本身的点击率。

2.词是关键词高、出价人群低溢价，还是关键词低、出价人群高溢价，会有差异，但这两者对养分本身并没有根本的影响和帮助，改变不了它的本身。

3.对高点击率的人群做一定的筛选会起到一定的辅助作用，但如果图片本身不理想，靠人群把点击率做得再高也做不起权重，最后PPC降不下来。

4.前期应该重点花心思在如何提高图片点击率上面，而不是单纯靠设置某些限制条件做提升，意义不大。

5.提升点击率的核心方法是模仿基础上的创新，通过生意参谋高流量渠道（特别是手淘首页）挖掘同行竞品点击率高的图片。当然你也可以搜索核心词，每天存下高点击率的页面，看有哪几个产品出现在搜索结果上，找出这些做得好的图片。

第77条：如何制作差异化主图

一张合格的主图可以起到吸睛的作用。打破常规的创意可以有效吸引消费者的兴趣。比如家具类目，当同行都在使用实拍图的时候，你采用场景图（带人物使用场景），这样的话是不是就容易被消费者记住呢？当同行都在使用带背景的主图时候，你可以采用无背景的。

1.无背景的主图

当同行都在使用场景图的时候你可以采用无背景主图，可以从展示产品角度入手，提炼视觉卖点，如品牌、角度、色彩、赠品、促销等。增加卖点促销信息产生顾客紧促感。

2.有背景的主图

当同行都在使用无背景的主图的时候你可以采用有背景/场景的主图，当设计师设计有背景的主图时，可从场景、色彩、角度、意境等方面提炼视觉卖点，尽量利用场景表达出产品的意境，触及消费者内心的感觉。

3.总结以下几点建议：

①同行拍摄实拍图，你展示场景图。

②同行拍摄整体图，你展示局部图。

③同行拍摄正面图，你展示反面图。

④同行拍摄反面图，你展示侧面图。

⑤同行拍摄细节，你展示内衬。

第78条：优秀店长养成记之二八原则

很多人都知道二八原则，在电商运营上也一样，做好20%的事情，收获80%的结果。关注关键指标，做好及时调优。具体来说就是：

1.核心渠道流量变化

公域流量——搜索流量、个性化流量。

私域流量——手淘旺信、我的淘宝、微淘、自主访问流量。

新兴渠道流量——关注顶级商家，了解新动向。

2.加购率

加购转化率远高于其他渠道，住宅家具核心单品加购率必须在5%以上。

3.客服询单率

大件家具100%询单购买，售前客服转化能力，直接决定店铺的销售额&盈利率；关注客服间转化率的不同，及时帮助转化率低的客服提升；大件家具询单转化至少达到20%~25%，优秀的可做到30%~35%。

4.页面询单率

一个客户来到单品页面对商品有兴趣，肯定是先咨询客服，如果页面询单率过低，直接可反映出详情页的呈现是有问题的。住宅家具的页面询单率做到1%左右是达到平均值水平。

5.客户UV价值

由客户的购买金额决定，流量不变的情况下，提升客户购买金额，这是提升销售额的最快路径。推高客单价商品或进行搭配推荐都可提升客户UV价值。

6.付费周期性ROI

住宅家具有明显的决策周期，可参考15天这样的周期来看ROI产出。或特定的周期内产出，合理调整推广方式。

抓住这6个点循环往复提升，店铺经营一定稳步增长。

第79条：提升流量效率的4个方式

流量成本越来越贵的今天，除了强调获取更多的免费流量规模，提升流量效率来提升店铺的竞争力变得越来越重要。家具类目提升流量的效率有哪些方式呢，主要有以下4个方面：

1.提升访问深度

详情页有效地把访客往容易产生沉淀或转化的商品进行导流。

2.提升收藏加购率

首图必须有效解决消费者心理疑虑，详情页卖点必须针对类目消费人群的关注点进行描述，没有好的内功无法获取类目的大规模流量。

3.提升询单率

主图或详情页引导客户咨询，通过暗示访客询单时能获取相应的利益点，引导访客询单的好奇心。

4.提升意向人群回流率

意向人群二次或多次回流，从渠道效率上占据家具类目的核心位置。多产品多渠道的回流店铺意向人群，比高强度的拉新效率会更高。

做好了流量效率的提升，达到转化率提升的目的，除了能提升产品和店铺免费流量的规模，同时也能强化产品的人群标签，达到高效人群优先展现的效果。

第80条：虚假交易的几个常见雷区

这是很多商家不可避免的事情，究竟怎么最大化的降低风险呢？是否有了解过一个真实买家的购买行为，为什么对手没事，自己店铺就会被抓。下面我们揭秘一下系统抓取的维度：

1.优质旺旺号：年龄、性别、平时消费习惯（消费习惯稳定的）、淘气值。

2.买家真实的购物行为：

①打开淘宝次数；②消费需求时间是1天还是两天以上；③货比几家会收藏加购；④平常购物是否有截图习惯；⑤看评价时间，停留页面时间；⑥拍下看价格是否正确，核对地址习惯；⑦查看物流情况；⑧平常是否有评价习惯；⑨是否有分享产品给他人的习惯；⑩回购行为比例。

3.物流情况：是否发空包，物流平常发货是多少重量，大件可以不用物流信息，但是要和平常一样。

4.支付宝转账情况：店铺老板支付宝关联的所有人转账记录，是否和买家重叠。

5.下单一场情况：单一路径下单率是否暴增，转化率是否高于市场，单量是否剧增。

6.成交比例：每个类目不一样的阈值，有的类目是刷1卖3，有的类目是刷1卖1。

7.新品前期：新品前期关键词的成交前4天严抓，上架初期系统不知道给产品分配什么词系流量。

8.买家秀：淘宝平台其他店铺的买家秀和视频，这是近期新增加的稽查纬度。

稽查的维度大致如上，不过这终究是辅助手段，近年来淘宝不断地更新稽查维度提高操作的成本，目的是逼迫商家提升精细化运营的能力，满足用户需求，做好真实转化率才是本质。

第81条：多类目产品如何分渠道运营

有很多的产品是多个类目都有，比如办公椅可以放在住宅家具的椅类下，也可以放在商业办公家具下。婴儿床可以在住宅家具下，也可以在母婴用品下。晾衣架可以是居家日用，也同样可以在住宅家具下。那么遇到这种可以放在多个类目下的产品，如何运营呢？

1.做搜索渠道，尽可能选择流量更多的类目。搜索品类主关键词，按销量排序，看销量第一名的产品放在哪个类目下，这里的第一名，是以搜索流量第一名，作为参考的。也可以从生意参谋中，进行品类主关键词的类目分析，看市场流量占比确定。从而找出高流量的类目。

2.活动渠道，选择有相对竞争力，同类目下能够领先对手的。比如几乎每次活动都有商业办公家具的楼层，如果体量不够，这些"小"节目反而容易脱颖而出。很多椅类场景可以选择在办公室，也可以选择在书房，而书房是流量和竞争环境中相对价值最高的。

3.个性化渠道，多个类目同时投放，不需要很多销量和评价积累，多个类目意味着可以触及更多人群。比如设计师家具的二级类目，经常会出现在一些喜欢设计感强的人群的手淘首页推荐里面。当然多个类目同时发布时，要避免重复铺货，主图页面最好根据人群重新做。

第82条：如何挖掘用户的新增产品需求

任何产品的价值，最核心点在于要满足用户的"产品需求"。有些需求是大家都能看到的问题，但之所以还存在，是因为没有哪家企业有这个"技术"去完美解决。而只要你有这个"技术"，就能很快收割这片市场。

就家居产品来说，供应链的核心是技术能力，就是如何把产品做得又好又便宜。而设计阶段的提升方法有如下三个方向：

1.学习

看看别人是怎么更好地解决问题的，俗称借鉴。

2.用户调研

特别是通过沉默用户的调研反馈，把需要改进的问题找到。

3.观察和体验

一个产品打样出来后，如果不搬到自己家里用上一个月以上，是很难发现有什么地方需要改进和完善的。

第83条：低毛利产品提升利润率的3大招

做任何生意，有利润才能持续，哪怕是战略性亏损，也知道这就是广告费，产品毛利本身是没问题才可以干的。

在实际经营中，随着竞争的激烈，经常会遇到越是销量高的产品，越没利润。但食之无味，弃之可惜的鸡肋产品，若要提高利润率，也有以下3招：

1.升级升级再升级

不管是改外观，加功能，还是改名称。比如说改名称，"升级版""2020版"，这些名称并不代表产品一定有多大的改变，但是利润可以提高。最好是达到多花1块钱，做出3块钱的利润目的。想想名创优品和两元店的区别，就是小商品的百货化。

2.多买多买再买点

很多产品一件可能亏本，多买一件就挣钱了，因为像运费等固定成本的增加不多。比如床垫，很多人家里都是2～4个房间，买一张床垫和能让客户直接买4张回去，利润自然提高了。

3.关联关联再关联

经常主推产品利润太低，但是配套产品有钱挣啊。商业历史上经典的案例，就是日本的打印机卖墨盒。我见过的一个案例是，故意把儿童床的床垫尺寸，做成市面上找不到的尺寸，比如多3个厘米，使它们只有在本店才能买到完全匹配的。因而，床的利润虽低，但配上配套的床垫就提高了不少。

第84条：种菜后的流量效率提升

很多商家反映种菜（指买方拍下东西并付款，然后卖方发货。）到一定规模后，流量不再增长，真实的销量也不高，其实这种情况是被关键词和流量效率限制了，种菜产生的权重仅能获取展现量的提升，趋于关键词搜索人群主图点击率低无法进一步获取更多的流量。那么如何突破瓶颈呢，建议如下：

1.产品的销售形象和权重达到一定程度时，关键词应该往容易产生交易的关键词倾斜，驱动产品往容易成交的访客进行展现。

2.主图的表达方式要进一步优化，必须明确产品现阶段的竞争产品是哪些，通过直通车测试出不低于竞品的主图。

3.流量效率的提升，以转化率为核心，辐射加购收藏率、停留时间、访问深度、询单率等指标，必须以真实的数据进行计算。

4.客服对于询单访客的转化率的提升。意向客户催单，询单用语，售后指标维护等。

如果仅限于做大店的销售目标，而忽略大店运营操作的效率指标，基本上没办法实现真实销售额的增长。一直加大种菜只会增加链接的被处罚的风险。只有高效沉淀流量的链接才能获取系统的流量推荐，种菜仅仅为产品提供展现而已。

第85条：店长解决问题的能力拆解

店长要有有效解决问题的能力，通过信息整理能力、信息传递能力、找人能力，最终拿到解决结果。

以店铺整体流量下降为例：

1.信息整理能力

全店流量是由单品构成，哪个单品流量下降？单品哪个渠道流量下降？询单占比有没有下降？转化有没有下降？这些相关信息都要收集，并进行可视化。通过这些核心指标的梳理，很容易找到具体的问题方向。

2.信息传递能力

问题方向出来后，肯定需要协调解决，大家必须协同作战。有时你知道的，并不一定别人就知道。最好的方式是，把你分析问题的数据思路与逻辑可视化给对方，让对方跟你同频，保持认知一致。认知一致后，问题就聚焦了。

3.找到能解决问题的人

问题方向明确后，找到能解决的人。

岗位指标问题，这个就是岗位实际操作者能解决的，主动跟他一起来解决操作优化。

资源问题，老板能解决，就直接找老板。平台能解决，就直接找客服。

总之明确问题后，一定要先思考谁能决定这个问题，然后进行对应找人。不要出现找了一堆人，但他们并没有解决问题的能力的情况。现实与理想的差错造成了问题的存在。我们的存在就是为了解决各种问题。能解决问题的店长，销量肯定不会差。

第86条：近期平台重点规则变化提醒

3月份天猫各项规则变更较多，稍不注意就容易忽略，导致投诉。所以我们将变更规则和应对方法梳理一次，供大家参考：

1.发票规则变更

《天猫发票管理规范》变更点在于，客户申请日期10天内开具，以电子发票线上上传，纸质发票以寄出快递填写发票及快递信息为准，延迟将赔付买家实付金额的10%，不超过300元。商家可使用发票管理平台帮助："商家中心—店铺管理—发票管理"，设置提醒信息。

2.发货规则重点

疫情导致延迟发货应对方法，3月11日起付款的订单，除发货地湖北省，须按照48小时或者页面约定时间发货。如果你是因为疫情原因导致的延迟，比如物流未复工、仓库被封等情况，需要向平台提供完整的证据，比如政府红头文件、人员隔离证明，仓库延迟复工通知等。

注意：一定要有完整的证据，拍一张仓库大门紧锁的照片不算。

3.营销平台活动变更

4月9日起参加营销平台活动需要满足"物流体验得分须≥3分"。也就是说从4月9日起，参加淘抢购、天天特价&百亿补贴活动，店铺物流体验得分少于3分的，无法参加。所以一定要注意在日常经营中提高发货速度和揽收时间。

第87条：家具类目直播如何打动消费者

今年电商直播越来越火热，大部分商家都是以卖货的形式进行直播。家具类目如何做直播呢？有以下4点：

1.模拟生活化场景

模拟生活中的场景进行直播。比如卖沙发的店铺，就可以模拟日常在沙发上的情景，休息、看剧、看书、撸猫等，展现和家人的日常互动生活。

2.向往的生活方式

现代人每一天都在快节奏地工作和生活，每个人都憧憬着能拥有一处静谧的归宿，把每一个平凡的日子过出质感，赋予生活仪式感。根据现代人向往的生活方式进行直播，就是一种突围方式。

3.有情节和故事性

创造一个富有故事性的情景，直播前期先制定脚本，可以是社交娱乐性质的，把场景打造成社交空间，并在场景里植入品牌理念。

4.主播自己是家装达人

各种装修相关的知识都知道，问题都能解答，帮助用户解决家装过程中的各种问题，从而建立信任度和亲切感，顺带买卖产品。

第88条：天猫店铺买卖5点注意事项

当公司资质不够入驻天猫时，很多人就会想到要购买天猫店铺，现在家具类目的天猫店铺要55万元左右（不含保证金和技术服务费），这可不是一笔小数目，那购买店铺需要注意些什么呢。

1.看店铺的DSR①状况，全红为佳，最忌全绿。

2.看店铺开通的类目，一级类目是否全开，如果不是类目全开，就看这个店铺有没有开通你想要出售的子类目，比如你的主营产品是床垫，就看床垫这个子类目有无开通，一般类目全开的店铺比不是全开的类目，价格会稍微便宜些。

3.看店铺是否有贷款，贷款有没有还清，如果没有还清可以要求卖家在过户前处理完贷款，或者直接在店铺价格上减掉贷款金额。

4.查看店铺的违规扣分情况，违规是否严重，有没有被降权，尤其注意是否经常被处罚，这会对经营带来不利影响，容易被连续监管处罚。

5.忽略地区限制，现在可以通过合规的主体剥离方式，可跨地区跨省市将店铺绑定的公司变更为自己原有的公司名下，费用大概在3万左右。

以上5点非常重要，大家如果购买天猫店铺，在成交之前务必了解清楚。

---

① "DSR"店铺动态评分，店铺动态评分是指在淘宝网交易内成功后，买家可以对本次交易的卖家进行如下三项评分：宝贝与描述相符、卖家的服务态度、物流服务的质量。交易成功后的15天内，买家可本着自愿的原则对卖家进行店铺评分。

第89条：直通车为什么能带动搜索流量

直通车之所以能带动自然搜索，是因为直通车也是通过搜索关键词展示，消费者通过搜索关键词，点击直通车广告位后，带来点击、加购和成交，那么就会把这个直通车的成交直接计入单品权重。

1.主图点击率在同行中要具有竞争力，必须超过竞品，最好能达到1.5倍以上。点击率很大程度上代表了流量的获取能力。

2.收藏率、加购率，也要具有竞争力。这些指标越高，代表产品的款式在市场竞争中越有优势，最终成交才可能更高，尤其对于长周期决策的大件家具产品。

3.转化率不能差于同行同类产品，还要比同行同类产品高。成交对于搜索在任何时候都是较大的指标之一。

当以上的各项指标都具有竞争力的时候，利用直通车控制每天的流量，做一个增长趋势，让单品的权重每天都增加，当权重累积到一定的值，搜索就会被带动起来。当然了，到今天为止，我依然认为直通车是最可控，也是测新品最好的工具，没有之一。

第90条：高客单价产品的客服团队管理经验

高客单价产品，对客服询单转化的要求极为重要，是重中之重，根据我们团队的经验，说4点建议：

1.要对产品了如指掌

熟悉竞品和销量靠前的产品的优劣势，所谓知己知彼百战不殆。建立店铺产品手册，熟知产品属性、功能、卖点等信息，做到有备无患，毕竟能被用户问倒的客服都不是好客服。

2.对沟通方式了如指掌

根据产品手册和日常收集的客户问题，建立标准又不生硬的话术快捷短语，提升服务效率，增强客户在沟通时的服务体验。做到既能快速响应，又能专业愉快的聊天，让用户体验到客至如宾的感觉。

3.调整心态

提前预控可能出现心态失衡的情况，以免造成失态服务，影响服务质量。可适当准备些小礼物作为减压奖励，人性化的关怀能更好地帮助调整客服的心态，客服心态好了销售额才能好。

4.提升回复率的办法

设置快捷回复短语；设置千牛面板互动服务窗、团队管理自动回复；设置店小二。

第91条：家具直播的定位和人设构建

2020年购物场景受大环境与硬件基础设施的升级影响，产生了很大的变化。直播成为主流导流&转化工具，店铺要做好直播，主播人选与主播人设搭建是关键。概括如下：

一、什么样的人最适合做家具主播

1.家具商场导购

拥有一定的销售经验和销售技巧；

拥有一定的客户群体。

2.资深家具制造者

对家具原材料深度了解；

对家具结构深度了解；

对家具工艺深度了解。

3.家具搭配师

家具产品的设计理念；

不同风格的家居产品搭配方法；

用家具单品提升家的氛围。

二、家具主播人设怎么搭建

1.家具体验师

站在消费者的角度，测评这款家具适合什么样的家庭，使用感受怎么样。

2.家具搭配师

用空间设计和色彩搭配上的专业知识来引导客户，击中客户潜在需求。

3.家具手艺人

从产品本身出发讲解产品的实用性、耐用性、环保性、功能性等。

4.家具设计师

从家具设计理念出发，告知客户产品的价值感、生活美学、生活方式的表达等。

第92条：竞品应该怎么选择

很多商家不知道怎么选择竞品，那么是选择客单价相似，还是选择客单价不同、风格相似的产品呢？其实并没有那么复杂，以下4点经验告诉你如何选择：

1.何为竞品？价格段差不多，风格相似，关键词组成结构有共同点。（假设做的产品，自身价格为100元，简约风，那么选择价格带在80～116元之间的简约风的产品，这是最直接的竞品。）

2.通过生意参谋分析数据选择合适的竞品。通过生意参谋市场排行7天的数据，搜索相关产品的核心词，找出与自身产品对应的类似竞品，点击趋势分析加入市场监控。（流失的店铺是最直观选择竞品的地方，也可以在这里选择出合适的竞品。）分别找出销量比自己多的产品。

3.也可以进入市场监控，选择30天数据，成交关键词分析，找出现阶段比自身产品销量多一些的产品，全部筛选出各阶段备选竞品。

4.如果还不知道怎么选，那就输入最核心成交的渠道和关键词，然后看看会出来什么产品，抢你流量的都是你的用户。只要出现在同一个渠道里面，这就是用户回去选择对比的产品。

竞品选择并不难，很多商家选择竞品对标错对手，从目的角度出发，竞品的核心是用户选择过程中的对比。围绕这个核心去选择和确定就好。

第93条：公司经营中常见的法律风险防范

每个企业的老板，在企业的经营过程中都有很多风险要注意，我大致梳理了以下5类特别容易遇到的：

1.工商风险

特别是注册地址和实际经营地址不一致的情况。

2.税务风险

这是平常注意最多的一个方面。

3.质量风险

产品质量相关的，也很容易被人投诉。

4.劳动纠纷风险

新员工入职、老员工离职、女员工怀孕等特殊时期，都是非常容易产生劳动纠纷的，特别是五险一金的缴纳问题，只要没有交，一投诉一个准。

5.著作版权纠纷

美工电脑上的原图千万不要随意带出去，可能会引发不必要的麻烦。

第94条：商品品质分新规概述

3月31日起《天猫商家营销准入基础规则》《营销平台基础招商标准》中将新增商品品质要求，商品品质分作为营销活动的报名门槛，若商品的品质分为D-劣质，将被限制参加营销活动，我们一起了解和解读规则，避免因忽略对商品品质分的管控，出现无法参加平台活动的损失：

1.商品品质分主要有品质提炼（买家评价）、品质服务（品质纠纷）、品质合规（虚假宣传类违规）、老客户口碑（二次转化品质感知）等90天内数据。商品品质分为S优秀、A良好、B中等、C一般、D劣质。

2.从第一点我们可以看出，客户的评价、退款、品质纠纷率都会对商品品质分产生影响，系统会对评价文本语义解析统计。客户退款原因主要是品质问题如瑕疵、质量问题、描述不符等，会计入品质退款，如跟客户协商好退货，建议让客户选择缺少配件等影响不大的退款原因。

3.对商品品质的管控主要以预防为主，客服环节是关键。售前注意提醒，售后注意预防。售前可以在客户拍下订单后，发送关于色差、物流时间、收货等温馨提示，给客户打预防针，并告知客户有问题找客服处理。售后客服专人跟进，减少客户不安全感。

第95条：如何正确看"超级推荐"报表

有些商家找我的时候，问我这个"超级推荐"只花钱不成交。我看了下，发现明明是一个挣钱的账户，但是由于不懂得看报表而导致错误的认知。

1.很多人都是在商品推广的时间周期这块，点击今天，经常看到投资回报率显示为零，就会觉得投产特别差。如果你一直是这么看报表的话，效果可能就是真的很差。

2.我们换个方法来看一下，点击报表，在顶部有一个导航栏，然后在左侧选择商品推广，然后时间周期要选择过去一段时间。为什么要选择过去一段时间呢？因为如果你只是看一天、两天的数据，这个数据的偶然性很大。可能很偶然的今天没成交，也有可能今天成交了很多。

3.因为"超级推荐"的转化周期会比较长，很少说有今天看了就会马上买的，如果你就只执着于说今天你是多少，可能你一直都不能对你的推广数据做出一个正确的判断，所以需要学会拉长周期正确地看报表，比如2~4个星期。

所以总结下来就是，对于家具灯具这类长决策周期产品，根据客户下单周期，拉长时间来看。

第96条：店铺同类产品非常多时如何错位布局

店铺的产品，在资源有限、供应链优势集中时，例如布艺沙发特别有优势，但碍于淘宝规则核心的流量关键词，同一个页面仅能展现两款同店铺产品。那么应该如何布局，使店铺的各链接的产品也能获取免费流量呢？

1.价格带错位

可以通过不同的客单价，切入类目的不同价格带，区分受众群体。

2.核心关键词错位

高人气类目产品通过不同的关键词，区分搜索流量来源，精准类目较难使用。

3.受众人群错位

主要通过产品主图的颜色和软装来实现。

4.通过流量渠道来错位

例如A产品获取大规模搜索流量，同品类B产品获取大规模"猜你喜欢"流量或活动流量。

以上是家具类目比较常用的店铺产品布局，能让店铺高流量效率的产品在获取流量的同时，不对原流量规模和流量效率都不错的产品产生干扰。

第97条：企业内训怎么做

很多老板都会说团队缺乏优秀人才。也有很多老板自己经常出来学习，却很少做内训。挖人不如培养人，结合我过去12年的工作经验，我认为任何一家成功的公司，内训都是必不可少的。核心在于它一方面能让内部成员方向一致，另一方面也可以梳理内部的知识体系和结构。

那么企业内训怎么做呢？其实，不同规模是不一样的，常见的三种方式有：

1.看外部视频课程，结束后每个人做分享和总结。比如把我们公司过去7场运营集训接近40堂的课程，分批次来观看学习。当然你也可以找任何一个你觉得对团队有帮助的内容来看。这个特别适合小团队，方便且成本低。

2.内部优秀员工培训分享，比如一个优秀的车手，给所有人（注意是团队所有人而不仅仅是运营）做梳理分享，核心在于每个人了解对方岗位的核心要点和痛点，不仅其他人会有学到东西的感受，也会让团队工作人员的协作能力提升。中等团队最适合，有利于团队能力系统性提高。

3.请优秀同行分享，每个老板都会有认识的同行，如果你的团队比较大（比如100人以上），特别适合邀请他们来做主题分享，一方面团队会有更高的视野，另一方面这也是你发现自己团队不足的好方法。

接下来，建议大家特别注意目的目标，以此避免浪费团队时间和注意力，所以需坚持三条原则：

1.针对解决现有问题，遇到什么问题，来专项内训，这是提升企业效率的有效方式。

2.通俗易懂，每个团队都有水平不同的高中低者，既然是面向整个企业的培训，那就有必要让每个人都能听得懂。理解可以不一样，但听懂是基础。

3.定期形成习惯，比如每个月或者每个季度做一次。能力不可能瞬间提升，所以形成习惯，定期很重要。

第98条：店长如何做好向上汇报

埋头苦干拼的是勤奋，整合资源拼的是管理能力。作为店长，除了能干好事，必须要发展整合资源的能力，让有资源的人来助力你的工作。在电商公司，你（店长或运营总监）的上级、你的老板就是资源方，怎么能得到资源方认同且愿意给你资源，汇报是一个必要的环节。

如何做好向上汇报？

1.向上沟通策略

分析所在团队的特性：是直接表达型，还是委婉型。研究与你利益相关的老板风格。

2.向上沟通汇报工作的四大时机

（1）你完成了手上的日常工作，取得了一些工作成果的时候，表达尊重，及时汇报进度。

（2）工作出现出错或延时的情况，让领导及时掌握工作状况，领导的高度与资源比我们广。

（3）超出权限范围，需要领导审批时。

（4）申请月度推广费、活动价格、促销方式时。

3.向上汇报步骤：

（1）先说你的结论和观点。

（2）当前正在推进事务的现况。

（3）现在遇到的问题。

（4）预想解决方案是什么。

向上汇报，要拿到好结果，必须要自带方案，最好是预备2~3个方案备选，让领导从中选择，而不是等着领导来给你解决方案。

第99条："超级推荐"计划目前遇到流量瓶颈，该怎么突破

在我们操作"超级推荐"的过程中，按照设定好的计划，不进行大的调整，可能会遇到展现与流量遇到瓶颈的问题，如果再想往上继续提升，该从哪些方面着手？重点关注以下4个方面：

1.预算放大，保持流量增加趋势，实时对比合理增加"超级推荐"计划的费用预算。

2.多计划布局，分拉新和重定向计划，同个宝贝进行多计划布局。

3.扩充定向人群，关键词定向和DMP定向，分拉新和重定向。

4.资源位溢价提高，数据表现好的资源位增加溢价，较少通投的资源位，重点溢价"猜你喜欢"。

增加预算—多计划的布局—增加定向人群—提高资源位溢价等所有步骤完成后，产品展现一定会被放大。注意此过程中一定要重点关注产品点击率，不然会浪费了大量的曝光机会。

第100条：如何避免平台抽检

近期很多商家被天猫抽检到不合格，轻则导致产品下架，重则产生扣分，赔付违约金等情况。什么情况下会触发抽检，又如何避免呢？

1.触发抽检一般是店铺售后综合指标不达标，或者品质退款率过高。触发平台抽检，店铺的品质退款率必须让客服控制好，客户之所以申请品质问题退款甚至介入，大部分是因为有不安全感，先申请再跟你谈，品质退款控制重在售前预防，售后控制。

2.平台抽检一般是静默下单，某个地区已经发生过多次抽检，大家可以根据以下抽检地址去进行排查："https：//www.hongdian.club/thread-174-1-1.html"（持续更新的）。

3.被抽检到不合格或标识欠缺的产品，产品会暂时被下架处理。需要将产品名称、规格型号、执行标准、生产工厂、生产日期、厂址、联系电话做好标识贴于产品外包装箱，然后拍照提交凭证进行申诉。

第101条：如何提炼差异化卖点

在同质化产品严重的今天，产品的差异化卖点是越来越难找了，要想被顾客找到，就要想办法脱颖而出，那么该怎么去提炼差异化卖点呢？可以从三个角度出发：

1.顾客的需求点

所要提炼的卖点一定是顾客最关心和最关注的需求，无论一个产品有多少个卖点，如果没有一个是消费者所关心、关注的就是无用的。那么可以从"问大家"、竞品的差评里面挖掘顾客最关注的问题点，把它提炼成为卖点。

2.竞店所忽略的卖点

从同行的页面中去挖掘他们所忽略的卖点，把这些卖点结合自己产品本身的属性去进行页面表达。

3.从产品本身去挖掘

从自身的产品属性去挖掘卖点，比如产品的材质、颜色、功能、风格等。举例：这款产品的颜色是竞品没有或者是有点差异的，那么我们就可以赋予这个颜色一个独特的卖点主题，这些都是可以作为提炼差异化卖点的切入点。

另外：设计和文案是两码事，店铺有一定规模的，一定要有人专门去负责文案，做转化率和销售沟通方式的提升。

第102条：直通车推广效率诊断

淘系无论哪个渠道付费流量都趋于日渐昂贵，直通车作为最高效的付费推广渠道，我们该如何提升它的付费效益呢？必须得定期诊断直通车推广的数据：

1.流量规模

直通车计划的点击量规模（日限额处于不够花还是花不出去？）。

2.流量效率

关键词、时间折扣、地域、人群是否仍有低效或无效的渠道未进行过滤。

3.流量效益

ROI是否能高于平衡点？如果ROI低于推广平衡点，"加购价值-加购成本=多少？"（加购价值=购物车成交额或加购量）

除了定期进行数据的诊断，我们还有必要对于推广主图进行更新迭代，如果有好的创意应该在直通车里进行再测试，获取更高点击率的创意主图。同样的思维也能应用于"超级推荐"和智钻。

第103条：阿里新财年有什么新的重点

近期的重点有哪些呢？我总结了一下，具体到家居的行业，有以下3个方面：

1.服务提升

特别是物流节点和退货的推进。目前已经在杭州试点，说不定今年"双11"就会在多个核心城市铺开。提醒大家注意服务落地和跟进情况。

2.场景可视

无论是店铺的个性化、直播还是躺平，都是在充分利用技术的力量，结合用户需求场景展开。对后续店铺运营来说，会有更多的工具去做基于一群人的运营。

3.运营平台化

之前天猫那么多年都是大客户运营模式，行业和活动客服都有着很大的权限。从去年开始BC逐步融合，客服更多是通过平台化的运营去拉动。对于商家来说，腰部商家会有更多的机会，坚持做好产品差异化就好。

第104条：如何筛选合适的产品买手

稍微做得大一点的店铺，如果要跨越式发展，都必须解决一个问题：选品。做电商选品不行，一切推广和努力都事倍功半。今天做得好的店铺，大量都是老板自己选品，那么如果要让团队有选品能力，应该怎么找到合适的买手呢？结合我拜访众多店铺的经验，总结以下3个方法：

1.准客户的买手

想做什么客户，就找和客户一样的人来做选品，毕竟生活环境和消费习惯，很大程度上决定了审美。当然很多老板自己就是他的目标客户，所以才做得很好。

2.产品经理导向的买手

能够理解客户的痛点，知道一个产品在解决客户使用中的什么问题。特别适合功能性产品的买手。

3.纯正的买手

和以上两者不同，就只对行业特别了解，知道什么产品好卖。如何筛选呢，我听过的一个方法是：在淘宝把一个品类的前100名的产品主图进行排序。面试买手的人和淘宝实际数据重合度百分之八十以上的，都是顶级买手。这种人高薪加分成留下都值得。当然，这个方法同样也适合测试运营对产品和行业的了解，重合度高于百分之五十就算合格了。

第105条：提升团队沟通协作效率6要点

在上周进行了一个店长调研，店铺经营中对于平级间的沟通协作，下级间的事务推进落地，大家有什么困惑？在众多店长的反馈中，不配合、不理解、不支持是三个高频词。

那如何做好关键沟通，进行有效协作呢？

1.从"心"开始

关注你的真正目的，让人感受到自己的目的是什么？怎样做才能实现这些真正的目的？对方的重要性在哪里？

2.注意观察

关注交谈时对方的表情与情绪，根据对方的情绪做出正向应对。不要只顾自己表达，对方的意愿调动也很重要。

3.安全对话

避免引起对方的负面情绪，在失误面前及时道歉，及时肯定与鼓励。当负面情绪无法协调时，可做适当暂停。

4.控制情绪

情绪并非无中生有，是自己感到不愿意或不接受，真正要解决的是对方为什么排斥。通过利益绑定或未来利益进行相互协同。

5.统一观点

说出你的想法，征询对方观点，做出试探性表达，鼓励对方做尝试，引导对方达成一致。

6.开始行动

确定落地的事项，定义好反馈机制及执行标准，做到有监督有反馈。

团队沟通中目标表达、利益共同体、时效反馈、同理心很重要。

第106条：页面广告极限词注意要点

关于极限词夸大宣传的，之前有商家不小心掉坑，导致高额赔付，根据经验我总结3点，大家务必注意，一旦被投诉到工商部门都是非常麻烦且可能会产生罚款的：

1.页面和标题禁止使用极限词或者夸大宣传词，比如最大、第一、绝无仅有、独一无二等。

比如大理石纹路用独一无二描述，木材说成98年树龄，海绵回弹度90%等，都是无法有数据支撑的描述。如果被投诉必定会罚款或者协商要赔付。

2.价格标签，千万不能说原价（包括客服也不要说这个词），说了有可能会被投诉价格欺诈，可以说吊牌价，吊牌价是标签上可以印的。

3.为了避免被职业打假人或者懂规则的人钻空子，建议可以让美工在页面上加上一个类似法律声明的说明。

第107条：如何提升下单付款转化率

客服转化询单访客对于店铺的销售额影响非常重要，尤其是已经下单的客户，基本上可以确定该客户有强烈的购买需求，但多店铺产品可选择。已经能获取到下单访客的真实联系方式，我们该如何有效的触达意向客户呢？

1.下单转化率计算："下单买家数÷成交买家数=下单转化率"

优质商家的完成率可达百分之八十以上。

2.触达方式

（1）通过手机号微信加人，并通过高利益点催付。例如，因为某某原因，赠送多少金额的优惠券当天有效，保价"618"。

（2）通过手机号，客服直接致电或发手机信息触达，说明在某个时间该产品进行买家秀征集，购买成功并晒图的用户将获取高额返利，只限今天。

这些是属于可控制性高的转化率，通过人为的努力即可提升，下单转化率越高，意味着客服的专业度会越高，产品的销售形象通过晒图会更好，展现的权重也会因为转化率的提升而提升。

第108条："超级推荐"带动首页流量建议

想带动手淘首页流量，"超级推荐"该怎么设置？

相信有很多运营其实都蛮好奇的，或者说对手淘首页蛮有需求的，那在实际应用过程中，如何通过"超级推荐"去获取更多手淘首页的流量呢。

1.先去生意参谋里的流量分析里面寻找店铺里目前具有手淘首页流量的单品，并且转化率是比较优秀的。

2.把这款产品加入"超级推荐"自定义计划单品推广。

3.定向人群能开启的都开启，出价不用太高，设置个几毛就可以。

4.资源位溢价百分之百，如果重点想获取手淘首页资源位的流量，那就重点只投放这个资源位即可，其他像购中购后"猜你喜欢"可以选择性投放设置完后，后期还要根据数据反馈，不断地做优化调整，假设流量规模达到你想要的一个值，但是觉得PPC有点高，那么你就可以降低资源位的溢价，凡事根据数据结果以及你想要的目的做调整。

第109条：详情页设计小技巧

设计师日常设计详情页经常会遇到一些问题点，今天总结3个比较常用的小技巧，让我们可以更精准地描述产品的卖点、特性。

1.卖点可视化

什么叫可视化呢？其实就是把文字信息转化成图像，用视觉化的方式表达出来。在日常的设计中经常会遇到各种抽象的概念，比如形容"轻柔"这样的卖点，那我们第一时间就会想到棉花、云朵等元素，那么如何把这些概念转化成可视化的方式，这就体现了一个设计师的能力。

2.场景代入感

每一个商品都会有属于它的使用场景，我们在设计页面的时候可以把它还原到场景里去，让整个产品更加具有代入感。

3.结构细节呈现

展示结构的方法一般都会用在表达物体的材质和结构上面，让顾客更加深入了解我们的产品整个的构造是怎么样的，构造越精致也会显得我们的产品更加专业和高品质。

第110条：通过客服隐藏优惠提高询单转化率

店铺经常会设置一些利益点，给消费者一些优惠，这里的优惠分为公开的优惠和隐藏的优惠两种。

公开的优惠：活动价、天猫优惠券、店铺优惠券、赠品或其他利益点，这些优惠算下来就会有一个公开到手价。

另外通常还会有一个隐藏的优惠，这个优惠一般是不固定的，可以给客服一个优惠区间，让他自己把控，目的是促进成交，原则是优惠越低越好。

注意：隐藏优惠是不能马上告知客户的，这样客户不会感觉到自己占了便宜。

在议价时有几个特点需要注意：

1.打折或优惠是有交换条件的

举例：评价（不能说好评）返现，或者是加购一个产品，然后给客户优惠。

2.折扣限时限量

举例：这个折扣只有今天才能享受/这个折扣仅限前10名，现在只剩下两个名额。

3.不情愿（特别为难）的往后退

举例：先拒绝，表示店铺从来没有过这种优惠，可以试着为了你去申请。

4.给顾客适当的压力

举例：错过优惠不再有。

5.意料之外

举例：适当时候给出隐藏优惠。

以上5点掌握好，坚持做跟进，询单转化率必然会提高！

第111条：要产品经理不要设计师

有规模的店铺都会想要提升产品竞争力，这时候经常想到的都是请设计师。但在我接触的家具企业中，大量的设计师都是只会做"外观"的设计，但用户为外观花钱毕竟是少数，而且还容易被同行"借鉴"。那么我们需要怎样的懂产品的人呢？我的答案是：产品经理！

产品经理的核心工作和要求是：

1.挖掘用户需求和痛点的能力

产品经理是核心，开发和UI都是实现产品经理提出的需求。

2.价值切割的能力

用户总会有很多需求，什么需求要做，什么需求要放大来做，同时功能不要做，这都是在商业竞争，特别是成本竞争之下必须要学会的选择。

3.升级迭代产品的能力

从一个单品到一个系列，从单一功能到多种功能，这些都是产品经理需要做的长期工作。比如通过用户评价，对产品和包装进行改进。

第112条：运营好微淘文案的4点建议

你的店铺一条微淘打开率有多少？根据官方统计微淘私域粉丝的单UV购买价值是普通买家的12倍，粉丝单UV购买笔数是普通买家的8倍，从生意参谋的流量渠道可以清晰看到，微淘的成交转化是搜渠道的5到10倍，仅次于自主访问渠道的转化率。

那么如何来判定一条微淘内容好不好呢？

从数据指标来看，过程指标：打开率、进店流量。

结果指标：销售额。

没有打开率，就没有进店流量，更没有销售额。

微淘的要开率主要受内容影响。那么微淘内容如何策划呢？

举例上新文案的策划方式：

1.要突出利益点：

产品利益点：价格优势、同级产品优势、赠品优势。

时间利益点：限定时间优惠、新品上新优惠。

2.推广分层：

主推次推款、对应人群分类、材质风格分类。

3.活动推广节奏：

特殊大促、月度上新日、普通节假日、品牌上新日。

4.最佳推广时间段

中午11点～12点30分、晚间18点～19点。

要规避的时间段：早晨10点前、下午13点～15点、晚间20点以后。

微淘流量是一个日积月累的过程，播下一粒种子要耐心浇水等待它生根发芽，一旦大树长成，收获就是长期且持久的。

第113条：扩产品线的切入思路

很多商家在店铺经营到一定规模的时候，不知道如何扩大自己店铺的销售额。销售额想要有较大的突破，一定得从新产品入手。哪些新产品更有利于店铺快速的提升销售额呢？总结如下4点：

1.主推产品的搭配产品，从主链接直接搭配形成套装进行销售。例如沙发搭配茶几。

2.主推产品关联销售产品，以场景为核心扩品类。从床辐射到衣柜、梳妆台、床头柜等。

3.生意参谋市场行情，主推产品中容易获取流量规模和销量规模的属性词，匹配相关属性进行产品迭代。

4.市场爆款产品，直接拿主图和详情进行测试，数据结果优秀，流量容易获取，直接通过供应链打版上架。

扩任何产品都要优先进行数据测试，优先保证产品的流量是容易获取的，这样新的产品能直接为店铺增加新的流量和人群，能高效地提升店铺的销售额。

第114条：为什么要做直播

我们一直在强调直播的重要性，在这个人人皆主播，万物皆可播的时代，甚至很多县、市长都亲自上播带货了，平台也激励卖家开播。

首先，目前直播是投入最低、见效最快的电商转型方式。说明家具直播本身是成立的，难的是要建立自己的信任度。

其次，今年"618"活动到来就会有明显的感觉，店铺播与不播在流量上会出现非常大的差距。很多行业都要求店铺直播是活动的报名门槛之一。

然后，平台现在是出台了奖励策略，为了鼓励店铺开播，给了非常大的扶持，一旦入驻成功并开播，即可获得官方奖励。比如凡是新入驻成功的档口新主播，从入驻成功的次日起，每天开播都将拥有临时公域流量浮现权，获得官方流量加持！

最后，我统计了最近两个月的行业数据，直播的ROI比智钻和直通车都要高，在这流量越来越贵的时代，哪里流量便宜就往哪里走就对了。

第115条：店铺直播如何定位

很多人反馈，直播做了没什么效果，没转化。直播是目前投入最低、见效最快的电商方式。

那为什么大件家具不好播，不出效率？直播定位很重要：

1.你怎么定位，目标是什么

直播的核心本质是什么，核心定位是什么，核心的差异有哪些，核心的玩法会不会，核心的团队有没有。

2.工厂店：人设定位工艺师（打造工厂店的专业性，工艺制造师，厂长）

品牌店：人设设计师或者搭配师，品牌创始人。

客服店：客服了解。

3.找话题

在店铺直播的过程中没话题，找热点，重复的事情，观众大概20分钟会换一批新的，直播间的流量会带动整店流量。所以要尽量找热点话题来提升直播流量。

第116条：怎么设计大促页面更吸引人眼球

大促活动页面区别于日常的页面，主要目的是要跟同行产生差异化，让消费者对店铺关注度提升，那么要怎么样设计大促的页面才能更吸引人眼球呢？

1.确定活动主题、风格

首先，要先确定好活动的主题，搞清楚设计的思路，确定活动页面的风格调性。

2.搭建框架，画面构思

根据活动主题的内容进行画面的构思，想想气氛活跃的现实场景有哪些？我们可以联想到很多场景素材，例如演唱会、霓虹灯等，海报要大气就要找空间感足的场景。确定好素材就开始展示设计。

3.排版布局

在排版的时候要注意逻辑与层次，可以对大促商品进行分解，从分类款式去细化，对首页进行分类，要让页面比平时更"扁平化"，方便消费者在短时间内浏览到更多的商品。

4.视觉引导

在页面设计的时候尽量多增加一些分类/活动入口，能让顾客跳转到其他分类看看有没有更好的选择。

第117条：影响搜索排名的因素有哪些

经常有人问为什么我搜索上不去，种菜了流量不涨，其实影响搜索的因素太多了，主要包括：

一、店铺方面因素

1.店铺层级，代表着流量的天花板，免费流量的获取上限。

2.DSR动态评分，短期内上升或者下降没什么影响，如果是持续下降，会有影响。

3.动销率，从2019年开始动销率权重有提升，对整个店铺都有影响。

4.售后综合服务指标，主要看店铺售后处理影响。

二、宝贝方面因素

1.新品期权重，28天期限是否达标，会影响到排名。

2.点击率，主图的重要性显而易见，起码要达到行业1.2倍以上。如何提升点击率：

①增加利益点优惠信息。

②第一眼能吸引顾客眼球的，可以用不同的撞色来错开与市场的区别。

③卖点匹配特点搜索的词根。

3.收藏和加购，也就是我们时常说的人气权重，如何快速提升：

①主图引导。

②宝贝SKU选项。

③详情页前端，店铺主页前端。

④设立活动搭配提升。

4.跳失率，判断一个页面好坏，越低代表越好。如何降低跳失率：

①视觉优化，主图加视频加详情页不存在差异感。

②产品推荐关联销售。

5.转化率，提升搜索的重要因素，如何提升转化率：

①活动促销，价格力。

②视觉优化，主图点击必须要优于同行。

③维护好评价和"问大家"。

④好评点评团，洋淘。

6.精准人群标签，精准的人群带来更好的点击率和转化率。

①直通车拉升精准人群标签。

②种菜设定特定店铺人群。

③直播加强店铺人群。

2020年影响搜索最重要的两个因素是坑产（指一段时间内店铺的总支出）和付款人数（通过搜索关键词点击进入付款）。

搜索实际上也反映了产品的内功，假设产品不好，搜索必然维持不住，所以做好内功和迭代产品是重点。

第118条：影响"超级推荐"流量的因素有哪些

"超级推荐"现在流量越来越大，接触过的很多大商家的付费推广，超过百分之六十的花费在"超级推荐"上。如果"超级推荐"流量很少，想要去提升的话，主要从以下几点出发：

1.点击率

相同展现下点击率越高获取到的流量越多，这是任何付费推广的基础。

2.出价

如果出价足够高的话，那么流量会比较容易获得，平台机制如此。

3.预算

预算越高代表商品流量获取需求越强烈，平台越会给大权重。

4.人群

人群多少是决定"超级推荐"流量的核心，要适当扩大人群基数，并不是越准确越好。

5.资源位

布局更多资源位，有利于增加流量，有位置才会有流量。

6.商品标签

商品自身的标签多少，决定初始流量获取能力。

只有对应地把这些影响因素一个个优化好，才有可能突破流量瓶颈。

第119条：通用的家居色彩搭配方案

我们在做影棚搭建、场影搭配、单品拍摄时都需要用到色彩搭配来突显主商品，彰显不同的家居风格或产品风格。

从整装的角度来看，每一种风格的背后是一种生活方式的表达：

1.向往自然——欧式田园风或美式乡村风或地中海风或原始风或工业风

2.追逐时尚——现代风或波普风

3.喜欢文艺雅致——北欧风或日式风或新中式风

4.古典尊贵——传统法式风或美式风或中式风

常见的风格色彩搭配方案：

现代风：颜色与图案相呼应，黑白灰色调被作为主要色调，其次咖啡色、柠檬黄、金色。

轻奢风：以极致简约风格为基础，通过一些精致的软装元素来凸显质感，轻奢风格一般会选用带有高级感的中性色，诸如驼色、象牙白、奶咖、黑色及炭灰色。

美式风：喜欢用明亮的欢快颜色，和复古风的家具搭配。深色多体现在软装家具上，背景色还是多以浅色系为主。墙体以白色、浅色系为主，如浅蓝色、浅绿；地面以浅棕色、浅黄色为主。

新中式风：强调格调淡雅有内涵，背景色一般不会选择过于清亮的颜色，而是多用黑白灰棕。

第120条：活跃直播氛围的8条小技巧

直播在今年和往后的重要性不多说了，目前来说直播是成本最少、收益最高的流量渠道，那么直播过程中的很多小技巧大家知道多少呢？给大家几个实用的小技巧：

1.天猫店会主动匹配看点，场直播至少可以设置16个以上的看点。看点越多，转化越高。直播过程中数据比较优秀，会在搜索页面透出看点。

2.家具商家在直播过程中，不建议推套系家具，成交概率低，可以加上小件的抽奖活动，小件增加收藏加购。

3.直播不会降低任何产品本身的权重，也不会打乱店铺的人群标签。只会强化人群标签，带来更好的流量推荐，官方对直播商家有扶持政策。

4.直播间里产品不要贪多，测试哪些好推，哪些不好推。

5.直播过程中不要干卖家具，竖屏直播的话，在三分之一的地方可以放图片，放工厂视频，放一些原材料制作过程的视频，放录制好的，放一些横版的一些视频，放一些买家秀和图片的点评，这些都是玩法。

6.根据比较火的电视剧参考有无店内售卖的产品，如果有用来做话题导购。

7.直播过程中可以让一些小动物出境，可爱一些，可以吸引人的眼球，让停留时间更长。

8.直播过程中，安排几个小号在评论区互动搞气氛，不断地点赞，另外还可以种菜增加销量和热卖的氛围。

不管是直播也好，还是其他渠道流量也好，需要坚持做，不断地测试，才能做得更好。

第121条：恶意骚扰和辱骂的投诉处理方法

最近有几个会员问到关于恶意骚扰和辱骂的投诉处理方法，鉴于大家在这方面的疑惑，梳理一下处理方法和技巧：

1.平台在2020年4月22日对恶意骚扰处罚更新规则，恶意骚扰投诉成立，需处1000元的罚款，以现金形式赔付给买家，另外除一般违规扣分，情节严重扣12分。

2.在遇到投诉骚扰时，要先分析，旺旺聊天、客户提供的凭证，是否有直接的证据指向店铺，客服联系客户的电话是否跟店铺关联（电话号码是否是店铺退货电话、是否是旺旺认证电话。为避免不可控风险，建议用跨城市的非店铺绑定号码。）。

3.如果电话没有关联，截图旺旺跟进处理客户问题的1~2张截图，说明客户是几号收到货，有什么售后问题正常处理，客服在旺旺上正常跟进处理即可，不存在骚扰情况即可。

4.如果联系客户的电话短信确实关联店铺，如果是正常联系客户处理售后，一般也不会成立，针对问题说明，并且强调并非在客户休息时间联系。

第122条：直通车通过布局低价引流

推荐型流量的崛起，搜索流量的规模大幅度的下滑，作为搜索流量的一部分，在直通车流量越来越贵的今天，除了通过点击率做高计划权重外，不具备强大视觉能力的商家，如何通过直通车计划布局做低PPC？

1.布局低PPC多长尾词加智选词包，相对于标准计划的60%～80%的出价获取边缘精准流量。

2.布局多个不同场景的智能推广计划，通过系统匹配对应场景的流量，用相对于标准计划的60%～80%的出价获取系统推荐流量。

3.部分精准类目，低PPC直接对标自己品类的大牌设定计划，例如床垫类目对标雅兰、喜临门等，更容易获取精准流量。

通过直通车计划的布局，也能实现做低PPC的目的。当然，这样的计划仅看ROI和加购成本，只要效果不比标准计划差，我们完全可以不考虑权重问题进行投放。

第123条：如何做好品牌传播

如何做品牌呢，单从传播角度，以下三个方法是可以在早期使用的：

1.形象款

电商虽然是爆款为王，但从用户认知的角度来看，要让人觉得产品质量过硬。

2.傍大款

一个不知名的品牌，用最低成本提高自己认知的方法就是和大品牌站在一起。比如行业发布会，行业活动印在一块，等等。

3.做宣传

任何一家公司，如果用户在百度、微信、头条等各种他常用的网站找不到任何你的信息，只有淘宝天猫上的产品介绍，无论你卖得多好，消费者都不会觉得你知名和可信任。所以，只要发新品，只要公司搞活动，都可以发几篇新闻稿，比如一个沙发的品牌，"双11"前写一个《2019年"双11"最值得买的10款沙发》，9款都是其他大品牌的，有一款是你的。你觉得消费者会怎么想，还有店铺客服完全可以拿这篇文章做成自动回复或者快捷语，提升消费者的信任度。

第124条：如何塑造产品价值感

大部分店铺百分之八十以上的时间都在关注运营，其中又有百分之八十在关注如何做流量。但其实你想过吗？流量是来自产品布局的，那么如何让产品有价值感就非常重要了。结合我做咨询顾问的经验，在塑造产品价值感上，最有用的就三招：

1.切准痛点和落差

现实和理想总是有差别的，比如买给小朋友的产品，总是害怕有质量问题。

2.放大单一功能

解决问题是树立价值最重要的方法，痛点可能有很多，但最核心的痛点是什么呢，针对这个痛点使劲地放大方法，就会觉得特别有价值。比如儿童产品说质量多好是很难受的，但是各种安全设置多么好、多么明显，就很容易让父母觉得很专业、有价值。价值一定是要看得见摸得着的，而不是要靠文字和客服去说的。

3.做价格对比

电商的本质核心还是渠道能力，便宜依然是很多人网络购物的第一动力，毕竟后端还有很多配送安装服务是有风险的。所以价格的对比就很重要，跟自己的历史价对比，跟线下大牌的价格对比，依然还是很有用的方法。

今年最大的矛盾是：想要报复性消费和口袋里没钱。所以在任何产品上，如何提升价值感的表达，则非常重要。过去做高价产品的，除非你有清晰的运营目标人群的能力和方法，否则都不要傲慢，降低身段活下来、活得好才是王道。

第125条：店铺客服适合外包吗

有人问，说有个外包团队是可以单独为他的店铺组织客服，然后实现客服外包。问我是否值得去做？

首先，每件事情我都建议从目的和目标来倒推思考。客服的核心是什么？从运营的角度来看，核心是两个指标：保证较高水平的转化率和专业答疑解惑，减少客户的纠纷。然后你想一想外包团队是否可以做到？

其次，就我接触到的家具产品的团队来看，专业答疑方面，客服很大一部分是需要解答物流相关的问题，而一般的外包团队是解决不了的。所以我一般都不建议把客服团队进行外包。当然如果小件的标准化产品除外。

再次，这涉及考核的问题，如果转化率不够，实际对整体的运营是不利的。要知道如果客服的转化率低了，不仅浪费了推广费用，而且对接下来拿到更高权重和更多的流量都是不利的。容易进入"转化率低→流量低→付费高→利润低"的恶性循环。

最后，"可以单独为他店铺组织客服"这句话就别信了，你自己都管不过来，还相信别人可以吗？而且从利润角度，后续外包公司为了提高利润率必然会一个客服负责多个店铺，而这对转化率是有影响的。

综上所述，转化对客服依赖大的不建议外包，不依赖客服的建议用店小密智能客服，不断去训练和优化比客服外包更有长期的价值。

第126条：有没有安全的种草方法

今天有会员问我，有没有安全的种草方法和渠道？其实安全分为两方面，一方面是资金的安全，另一方面是不被稽查系统处罚的安全。大部分运营只会想到第二点。那么到底有没有绝对安全的种草方法呢？很遗憾我的回答是没有。原因有3个方面：

第一，系统的稽查规则是不断升级和调整的，如果你是负责这事的客服，你也会有不同阶段的考核指标的，永远要表现，这样才能被老板认同。所以你需要不断升级规则，但这就很有可能触发新的红线，存在有可能被抓的风险。这也是只靠种草，公司活不久的原因。

第二，"用户"号的安全随着时间的推移会发生异常，哪怕刚开始是偶尔干的，慢慢地要么不挣钱就不干了，要么为了挣钱必然变成职位刷手。所以慢慢就没办法安全。所以这也是为什么我们建议大家一般一个季度左右一定要换渠道的原因。

第三，"流程"总会异常，做得多了，不规定流程你担心出问题，规定流程慢慢地自然就会和正常的相比有不同。所以如果持续做，延长寿命，就回归自然。怎么正常怎么来，用户动线要多元化，比如新渠道，一般是不容易被抓的。

因此，没有绝对的安全，分散风险，把内功做好是根本。大额种草，资金安全比稽查安全更重要。做好随时出问题的准备，比如多备个链接总是对的，尤其是"618"要来了，别让活动产品搞不了活动。

第127条：谨慎消费时期如何满足用户需求

现在最大的问题就是想要报复性的消费和手里没钱的矛盾，根据历史经验，消费会呈现以下4个特点：

1.追求更高的性价比

因为没钱，对价格敏感度必然提高，20年前最经典的就是洗衣粉是两块钱的卖得好，这几个月明显行业客单价在下降。所以如果产品客单价在高位的，要看看今年是否需要做调整，不要一味觉得是市场不好。

2.刚需消费实用主义

如果过去是追求高品质，今年够用就行。因此在保证质量的情况下，通过降低材质等方式不失为一个可以调整的选项。记住，你认为的品质好，和客户需要的够用就行，是冲突的。因此在页面表达的时候，比质量好更适合的表达是够用，刚刚好，不浪费。

3.决策周期更长

加购收藏多，下单少，是这两个月的普遍现象，对比下单，等着发工资下单的情形会更多。所以对店铺运营来说，客服的持续，有节奏的、长期的跟进非常重要，大件产品建议至少持续跟进3个月。

4.奖励性消费

人还是会追求高质量的消费的，在经济低迷的时候，奖励性的消费会凸显。虽然平时省着花，但到一些特殊节日，更加会觉得需要奖励一下。比如马上母亲节了，给妈妈买个礼物，这笔钱还是不能省的。因此可以结合自己的产品，做节日的营销，毕竟花钱是需要理由的。

第128条："618"跨店满减规则梳理

"618"店铺活动，平台方面针对跨店满减的玩法已经公布，为了让大家更清晰，这里将跨店满减规则梳理如下：

1.跨店满减使用时间：6月1日~6月3日和6月16日~6月20日（第一波和第三波活动），门槛：每满300元减40元。如：300减40，600减80。跨店满减优惠可与品类购物券、单品优惠券、店铺优惠券等叠加使用，注意店铺的让利幅度。

2.跨店满减无须消费者领取，满足门槛要求即可享受优惠，"618"跨店满减不计入最低成交价，"618"跨店满减的优惠金额部分不计入活动价后，降价处罚。

3.另外大家注意在商品预售阶段，预售的成交价不得高于正式活动期间价格，同时报名"618"预售和现货的同款预售商品，不得在正式活动期间降价或优惠加码，违规将处6分扣分处理。

第129条：如何提升无线首页的转化

做首页不仅仅是为了美观，更多是为了能更好地提高转化率，那么想要提升无线首页的转化率，可以从以下几点思考：

1.研究无线用户行为路径

无线的用户都是在碎片化的时间内浏览页面，例如在上下班路上、中午、晚上休息时间，只看图不看文字，所以在设计首页的时候可以更多地在展示图片和标题上做重点突出，无效的文字能少则少。

2.无线首页逻辑框架

做首页最重要的是做好逻辑框架的布局，框架的布局就等同于建房子打地基，只要地基做好了，那么剩下的就是填充内容的部分，首页逻辑框架可以参考同行做得最好的店铺。

3.画面构思氛围营造

制定好首页的逻辑框架以后开始做页面的构思，如果是做大促的营销页面就需要更注重氛围的营造，可以找空间感更强的场景，或者是能主导正面情绪的狂欢快乐的场景，更能形成视觉冲击力。

第130条：详情页千人千面的运用

详情页千人千面很早就被阿里推广给不同品类的商家，并在快消品类目得到了相应的效果——转化率高效提升。针对家具类目，我们该如何应用详情页的千人千面呢？

1.可以应用为限时优惠活动的详情页模板，精准店铺的意向人群回流时展现，尤其是付费推广时针对意向客户高溢价回流时，ROI很重要。

2.详情页针对男性群体和女性群体做区分，产品的场景表现冷色或灰色是否能有效提升男性人群的加购收藏，暖色是否有利于女性人群的加购收藏？可以在人群测试时把不同的详情页匹配不同的人群进行测试。

3.针对活动前蓄水使用，可以通过详情页提前曝光活动力度给店铺的新访客，在有效蓄水的同时，不影响日常的老客户回流时做转化。

在进行详情页千人千面布局时，核心是提升产品的转化率或提升蓄水的效率，针对产品人群喜好的特性去布局不同的展现场景。尤其是具有花色的产品，例如窗帘、家纺、带花纹的灯具等，第2点能表现出不同的效果。

第131条：直播渠道有哪些，怎么获取

越来越多的商家开始淘宝直播，那么你对直播的流量渠道和获取方法知道多少呢？总结了一部分流量渠道和获取技巧：

一、流量入口解析

1.关注频道直播流量。

2.精选和频道页面进入直播流量。

3.微淘首页获取的直播流量。

4.主播个人主页的直播流量。

5.粉丝分享直播间获取的流量。

6.店铺引入到直播间的流量。

7.淘宝首页流量，直播关注，精选，频道，讲解，"猜你喜欢"等。

8.官方活动流量，大促活动榜上榜单入口，首焦弹窗，官方招商资源。

9.微淘首页流量，付费渠道，关注主播主页进入。

10.直播分享流量

11.直播看点流量，直播表现不错还会有搜索页推荐。

二、流量获取技巧

1.粉丝在直播间停留观看时间，越长越好。观看指数越大粉丝黏性越高，老粉丝（铁杆粉丝）直播间占比越大推荐流量越多。粉丝浏览次数和新增粉丝数量越多，流量推荐浮现权重越高。

2.做好复盘数据总结，每次直播后直播转化，单品转化，时间段做复盘。直播跟踪主播的数据表现，做到日结、周结、月结。评估直播过程中哪方面数据不好，解决不好的地方。

直播已然是趋势，还没做直播的商家一定要想办法开始做，从每一次大促活动直播赛马的积分机制看得出，直播只会越来越重要，后续肯定会是大促活动参加的指标之一。

第132条：电商直播方式之万能串场词

2020年几乎进入全民直播时代，你的店铺也开播了吗？有没有遇到过主播语塞、冷场的情况呢？那么，教你6句万能串场词，一定用得着：

1.欢迎大家来到我的直播间，没给主播点关注的记得点关注。

2.天若有情天亦老，给个收藏好不好。

3.天若有情天亦老，关注一下会更好。

4.多情自古空余恨，感谢各位来帮衬。

5.屋里请沙发坐，花生瓜子随便嗑。

6.若想下次不迷路，左上角赶快点关注。

不仅能活跃气氛，还能引导收藏加购哦。觉得不错，就转给你店铺的主播看看！

第133条：店铺提示违规了怎么办

只要你在开店铺，就很可能会遇到违规的，当然违规的情况有很多，最常见的就是虚假交易的违规处罚。那么如果出现了违规怎么办呢？可以分成三种来做处理：

1.违规，没扣分，包括删除销量和评价处罚有，但就是没扣分。那么除了稍微修正一下日常的操作，不要太多异常（特别是SD比例），更重要的是将产品的权重拉回来，回归到日常运营，核心就是要将产品的点击收藏、转化率和坑产保持住，不要掉太多。对于大件家具来说，让客服联系咨询过的老客户，给足优惠尽可能地争取下单是最有效的办法。说白了就是，能有真实成交，总比虚假的种菜要好。如果一个星期依然无法恢复日常，直接放弃，重新做链接。

2.违规，扣分了，但是可以开直通车等付费推广。依然还是为了保持点击收藏、转化率和坑产数据权重，加大付费推广力度，加强客服的意向客户跟进。连续做两个星期，如果无法恢复，也是直接放弃，重新做链接。

3.违规，也扣分了，而且无法做任何付费推广。这种情况就要算账了，比如处罚30天，你有没有一个月内新做的链接销量和评价数据超过现有链接水平，如果没有，下降链接或者解绑后加大推广和活动备用。如果短期内新链接容易超过现有链接权重数据，那么抓紧时间做新链接的数据和权重，不要纠结。

第134条：直播间大促玩法

大促来临等于流量爆发，大促时商家必须把握住流量峰值，针对店铺直播间设定独特的利益点玩法，以下几种方法适合大促时采用：

1.整点冲刺

整点下单前5位，享小礼物赠送，如：12点下单前3名，备注"直播间糟"，送面膜一盒。这类玩法可以大力加速整点的转化率，引导粉丝在整点下单来拼手速，提升整点的转化率，对直播间互动的活跃度也有帮助。

2.黄金2小时

每期30分特地抢原免单，仅用于已下单的用户，邀请已经下单的用户，在评论里告知已下单的产品序号，用群体去影响更多消费者的购买欲，在0~2点的黄金时间段，迅练提升直播间的转化率。

3.连麦玩法

两家店铺协同定好活动策略，同场PK的时候超过产品展示，进行PK，不断重复本场连囊的利益点，在两家店铺的粉丝置换上提供同等价销的利益点，换粉转化一次搞定。

第135条：低价站外流量的种草运用

针对直通车和智钻的站外投放，在大促的抢跑期和预售期，能够实现低PPC获取站外流量的沉淀，作为一个优质的推手，该如何把店铺的产品推往站外流量？

1.人群获取

先通过达摩盘人群的人群测试，测试出喜欢店铺的产品人群会在站外的哪些渠道出现，并容易沉淀流量。

2.推广操作

独立进行站外推广，圈定站外的渠道进行多关键词的推广，很容易匹配到站外的流量。

3.最终出价

出价为标准计划的0.5～0.6倍即可，同时要测试出容易获取流量的时间点进行投放。

4.持续优化

要定期过滤花费多，流量沉淀效果差的渠道。

长期的站外低PPC种草，有利于在大促期间提前打标部分优质人群，让产品被搜索时优先展现，同时超推和直通车定向回流计划很容易获取该人群的回流。同样的站外推广人群也适合用于智钻，但必须进行人群圈定和控价。

第136条：挑选店铺主播遵循两条原则

今年"618"平台特别强调要做店铺直播，那如何选对主播就成为非常关键的一步，选对主播，将事半功倍。

结合众多优秀店铺主播的经验，挑选店铺主播可以遵循两条原则，效果更好：

1.选择与用户相似的

和用户相似的主播会给用户带来亲切感、共鸣感和互动性。和用户可以很轻易地有聊不完的话题，只要有话题聊，也更容易带动他购买感兴趣的产品，从而提高转化率，也能活跃直播间氛围。对于家具来说，最好有装修或者线下销售相关经验的。

2.选择与用户相吸的

与用户相吸的主播也容易迅速吸粉，给直播间带来差异化，而差异化的内容，要充分考虑用户观看的心理，切中用户喜好，吸引用户。特别是直播观众以宝妈人群为主，体现相关的专业性就非常重要。

时刻谨记，我们需要专业主播，但这种专业性不只是对产品知识的专业，更要深刻洞悉用户心理，知道用户真正要的是什么。

第137条：关联销售怎么设计更吸引人

关联销售属于一种捆绑营销方式，一个好的详情页关联销售可以通过一个产品带动多个产品的销售，引导顾客购买别的关联产品，更可以防止跳失率上升。如果消费者看了详情页不感兴趣想走，设置了关联销售可以分流到别的商品。

从以下3点去思考和操作：

1.设置多个关联性产品的推荐，举例：实木床可以做床垫、床头柜、梳妆台的关联。

2.关联爆款或者更加有利润的款，让利润最大化。

3.购买家具的大部分顾客是新房装修，他会需要购买全套的家具，那么就可以做个全屋搭配套餐，帮助顾客解决搭配的难题。

第138条：众多客户申请开发票怎么处理

自从淘宝后台全量开放了申请发票功能，很多店铺都大比例的增加了开发票申请的量，根据我们部分会员的调查，开票比例在10%~20%之间，客单价金额越大申请比例越高。那么问题就出来了，不开，那是违法违规，开了又增加很多麻烦和成本。

那么如何尽可能地降低成本，又合法合规呢，根据我个人有限的了解，要注意以下几点：

1.开发票是必须的，无论是法律和天猫规则都规定，必须开发票，不开就是违法，天猫扣12分，罚款1万元。

2.切记千万不要虚开发票，找别人的公司，包括自己的另外公司（同法人的非天猫主体公司）开票，都是违法的，而且虚开发票是重罪，刑法里面有专门的虚开发票罪。立案标准是：虚开发票100份以上或者虚开金额累计40万元以上的，处两年以下有期徒刑；情节特别严重的，处两年以上七年以下有期徒刑。（具体大家可以去查，反正很严重，大件家具客单价高很容易就达到立案标准。）

3.天猫入驻和变更的时候必须是一般纳税人，续签目前没有要求一般纳税人。开发票也没有规定要增值税可抵扣的发票，因此普通发票也是可以的。

第139条：线下客户要不要引导到淘宝店铺去做成交

很多品牌线下有门店，想做好淘宝（不是天猫）店铺，想到的一个招就是引导客户到店铺去做成交。毕竟不用扣点，还有销量。那么假设是真的线下客户，到底要不要引导到淘宝店铺去成交呢？其实需要考虑3个方面：

1.对客户的价值是什么

做任何一件事情，有什么价值很重要，比如有些做高客单家具的，因为客服都是外地来的，不认识，淘宝就变成了担保交易的场所。解决了客服担心资金被骗的问题，那么这是有价值的。

2.会不会被系统判为刷单呢

有一种情况，是会被认为刷单的。就是你存了对方手机号，而刚好被淘宝App抓取，匹配为你的好友了。或者你们在一个网线上上网了，那么很容易被判定为虚假交易。如果是正常的客户过来看货，然后下单，是不会被处罚的。

3.对淘宝店铺有没有价值

根据了解是有部分销量权重的，但因为没有完整的购物链路，如点击率、加购收藏率等数据，权重并不高。当然如果数量多了，对"猜你喜欢"的同类型人群匹配是有帮助的。所以有价值但并不高。

总之，可以去做成交，有比没有好。同时如果是去做种菜的订单，建议还是要小心，容易被抓，处罚也严重，量大直接会被封店。

第140条：如何简单有效地做公司人才盘点

人才盘点能有效地盘查公司内人员的优势、可发展岗位、提升路径、岗位人员流失风险等，这是每家持续经营公司必做的事，那电商公司怎么简单来做这件事情呢？

可从以下四个方面操作：

1.绩效

绩效能够客观的衡量员工的价值贡献，同时也能间接衡量员工的能力。

2.能力

主要指员工当下所具备的能力项，通常包括专业能力、综合能力、通用能力。

3.潜力

潜力是衡量员工未来发展空间的要素，它代表了人才未来可能的能力。是否有潜力？可以参考是否具备抱负、敏锐学习、人际通达、独立思考的能力。

4.价值观

在工作回报中，内心最看重的是什么？这是每个人在工作中的原动力。针对高层，价值观的盘点是非常必要的。针对中、基层，重点盘点其能力和潜力。

清楚每个员工的能力特质，再匹配合适的发展路径，才可能做到用人所长，避人所短。

第141条：大促营销页面氛围怎么去营造更具吸引力

大促页面设计是传递信息的重要视觉营销手段，一个足够吸引眼球的营销型页面要怎么去设计提升转化率呢？可以从以下3点去思考：

1.设计思路流程

设计页面之前制定流程表，确定每一步工作的时间节奏，需要规划好每个时间段的工作计划。

第一步：跟运营、策划人员沟通需求，理清思路和确定风格的大致走向。

第二步：搜集资料素材，搭建初步的框架布局。

第三步：搭建框架以后开始内容填充，适当增加辅助元素，增加氛围感。

2.页面逻辑框架布局

根据店铺的品牌风格和定位量身定制适合自己店铺的大促页面，页面组成部分：店招加主海报加活动区（促销区、优惠券）加爆款加楼层区加页尾区，主推款可重复展示增加曝光率，但是要以不同的角度和背景做区分。

3.大促页面氛围构思

根据大促目的有所区别，色调主要受促销、季节、品牌三个属性影响。要结合相应的颜色使用。店铺强调品牌感，视觉就要尽量使用品牌主色调，再搭配促销辅助元素。

第142条：直播数据怎么看

数据是运营结果的反馈，数据是主播考核的主要维度之一，做好直播数据运营将会令店铺直播锦上添花。那么如何做好直播的数据运营，关注以下两个方面的8点数据表现：

一、直播数据入口

1.单场直播数据，PC端中控台或者淘宝主播App，选择直播观众画像。

2.阶段直播数据，"生意参谋—内容效果—直播—手淘淘宝直播"。

二、直播数据分析

1.封面点击率地域低于百分之五需要整改。

2.平均观看时长低于3分钟家居类目，基本上不能让粉丝收藏加购。

3.引导进店次数超过百分之五十即为合格，不达标整改。

4.来源渠道分析，关注数据变化，重点关注微淘、搜索、店铺（店铺首页卡片）三个渠道，如果有降低或者增长，复盘好做了什么操作，总结经验并整改。

5.商品排行，可以看到哪个商品的点击率高，了解粉丝喜欢的产品风格、价位区间，为接下来的直播产品安排做数据参考。

6.每天记录直播数据，加入互动率（互动人数或浏览人数），粉丝互动率（粉丝互动人数或粉丝浏览人数）两个指标确定主播的情况是增长还是降低。引导进店率（引导进店人数或浏览人数），粉丝引导进店率（引导粉丝支付人数或引导粉丝浏览人数），分析装修页面引导和微淘引导这块是否工作到位。询单成交率代表客服的引导转化的情况，确定客服是否存在问题。

第143条:"618"大促阶段直播活动应该怎么做

直播是最重要的非产品本身流量来源入口,那在大促阶段直播活动应该怎么做?我的建议是:

1.货品

单场直播选品不贪多,30到40款为宜。货品定期更新,每天保持一定比例的新品,除直播常驻爆款之外,剩余秒杀款循环更迭。

2.价格

将产品秒杀价设置成等同于"618"的到手价,"618"同价的利益点简单明确,给消费者建立购买的信心。

3.做法

做法1:每场秒杀限定价格和库存,不要一次上满库存,营造"抢购"氛围,分批更新库存。

做法2:每半小时抽奖,吸引消费者刷口号,口号的信息则是明日活动的时间预告,如"每晚8点秒杀"等。

做法3:固定直播时间和直播时长,让消费者形成观看习惯,到点来秒杀,秒杀完抽奖。

第144条：决定"超级推荐"的点击率主要因素有哪些

操作"超级推荐"的时候，点击率是一个重要的指标，那么决定"超级推荐"点击率高低的因素有哪些呢，有以下3个方面：

1.人群

就是定向的人群，不同的人群点击率是不一样的，有些人群点击率高，有些人群点击率低，如果前期可以重点投放点击率高的人群，也要考虑收藏加购以及转化问题。

2.资源位

每个资源位的点击率也是不一样的，前期测试的时候可以把所有的资源位都打开，设置相同的溢价对比。

3.图片

图片就是重中之重了，前期要做好测试，选择高点击率的创意图。

以上的人群、资源位、图片是对点击率影响较为关键的因素，此外分时折扣、投放地域等也起到一定的影响作用。

第145条：如何衡量一个推广岗位人员的水平

经常有人问我觉得他的推广人员水平怎么样，分类总结一下，供参考：

1.基础人才

该人员是否有胜任该岗位的推广经验，是否能快速地针对店铺的流量需求进行相关布局。

2.高级人才

能根据店铺产品的数据表现，有效匹配市场数据，找出适合产品推广的方法并实现目标。

3.资深人才

能根据推广的数据辐射其他产品，并挖掘更多的潜在人群，具备操作的方法论，能有效沉淀适合店铺运用的推广方法论，能够教会其他同事。

一个优秀的人才通过招聘获取难度比较大，除了要培养操作经验和技巧，更重要的是培养操作意识和方法论！

第146条：大促期间如何做日销

其实做日销的店铺是最讨厌大促的，不知道你有没有同样的想法。但平台大促，日销受到影响是不可避免的，那么如何尽可能地提升其销量，尤其是预售和预热期间的销量呢？我觉得有用的只有这么几招：

1.保价

促销核心就是便宜，不然为什么客户要集中买呢？所以保价，是必须做的，毕竟人都怕损失。今天付完款，明天价格更低了，换你也心里受不了，所谓买涨不买跌就这个道理。所以不管你愿意不愿意，保价是第一步要做的事。

2.做着急人的生意

不着急的人可以等，着急用的人那就是最好的客户了。梳理一下过去的意向客户，有谁是着急的，联系这些人吧。千万不要想着用话术去让一个不着急的人买单。任何生意本质上还是需求问题。

3.提前锁客

有的人也确定要买了，一分钱不交，那么流失概率非常大。这个时候用定金方式提前锁客就非常有价值了。比如1元定金，"618"大促价格上再抵扣100元，真正有意向交1块钱的人就可以期待了。

第147条：根据测试的特质类型去安排工作岗位

在公司里，每个人有每个人的特质，都有不同的长处与短处。用人所长，避人所短，这才是用人的高手。那怎么去分辨一个人的特质，了解他的长处，判断合适他的岗位呢？

职业指导专家霍兰德根据不同的特质将人分为6种类型：实际型、调研型、常规型、艺术型、社会型、企业型。不同特质类型的人，匹配对应的岗位，会产生更高效的结果。包括：

1.实际型

活好话少，喜欢独处，动手操作能力强，喜欢跟物打交道胜过跟人打交道。适配岗位：产品经理、视频剪辑或制作等。

2.调研型

喜欢探索事物背后的本质与规律，喜欢研究。适配岗位：付费推广、流量技术等。

3.常规型

喜欢固定有序的工作，听从安排，执行力强。适配岗位：财务、文字排版等。

4.艺术型

喜欢表达、自由、创造、不喜欢被约束。适配岗位：直播主播、视觉设计等。

5.社会型

喜欢连接人、善于协同合作，喜欢帮助他人。适配岗位：资源整合、内部培训等。

6.企业型

目标感很强，喜欢领导他人，喜欢挑战性。适配岗位：营销总监、客服等。

第148条：天猫店铺开发票时效是多少天，什么情况下可以拒绝

自从平台将开发票入口放到明显位置后，店铺多出了很多申请开票的，后台申请开票未在时效内开具，会面临最高300元的赔付，所以大家务必注意按下面时效开具：

1.客户在下单时/交易成功前申请开票的，我们需要在交易成功后的10天内开具。

2.客户在交易成功后申请开票的，申请之日后的10天内开具。

未按时效开出，按订单金额百分之十，最高300元赔付红包。

那什么情况下我们可以拒绝开票呢？如果遇到以下7种场景，可以选择点击"拒绝"按钮：

1.与买家协商一致不开具（后期如买家再次要求开具，则需要开票）。

2.与买家协商一致延迟开具。

3.买家抬头信息输入有误（企业抬头但未提供税号；个人抬头含有非中文信息，如数字、英文、标点符号等信息；其他抬头场景商家不确定是否有误的，建议和买家确认。）

4.订单在退款流程中（未退款成功或退款后仍有应开票金额的，后期如买家再次要求开具，则需要开票。）

5.已按照此前买家要求开具过发票，但需重新开具，原发票未寄回。

6.包含有价优惠券商品，需支付尾款后开票。

7.此前已线下开具过发票（也可以直接同意将此前的发票进行录入）。

以上场景拒绝后，买家若发起拒绝开票的投诉，投诉不会成立，但建议商家在拒绝时，进行清晰的备注说明，避免被误判。

第149条：如何提升详情页的停留时长

想知道详情页做得是否优秀，最直接的办法就是看停留时长，可以理解为顾客对产品感兴趣，看的时间也就相对长，在仔细了解产品。那么，想要提升详情页的停留时长，可以从以下5个方面去做页面优化。

1.主图视频

增加主图视频，让买家对宝贝有更深入的了解，还能有效提升他们的停留时间，视频内容可以描述产品的功能卖点和场景的氛围营造，视频的时长控制在50秒以内。

2.5张主图

5张主图的表达非常重要，决定了顾客进来页面看完主图是否有兴趣继续滑动看详情页，第1、2张图使用同一场景不同角度，可以加深顾客的印象，第3、4张图提炼产品的核心卖点，第5张图展示白底图或者质检报告，增加顾客的信任感。

3.首屏海报

详情页首屏海报是视觉焦点，决定了消费者对产品是否感兴趣，所以应展示一张最具代表性的角度。

4.促销活动

针对消费者的心理，店内可以做一些节假日特价促销活动、满额赠送礼品活动、满额返现活动。

5.好评和"问大家"

做好好评和"问大家"。此处可以引导已经消费的顾客去做，写出产品的卖点特征和用户使用的感受等。

第150条："极速推"的测试经验和建议

这两年阿里在流量变现上的挖掘越来越多，要知道直通车是搜索流量，随着搜索流量的持续下降，推荐型流量占据了大头，如果没有匹配此类流量的变现产品，那么阿里的应收也将面临压力，尤其今年经济下行压力很大。"超级推荐"和"极速推"都是为了适应推荐流量的变现而做的，"超级推荐"的整体门槛高于"极速推"。

"极速推"是什么，简单说就是一个按照展现（CPM）付费的推广工具，目前是邀请制内测，入口可以打开"千牛客户端—我的应用—极速推"，去看看有没有权限。结合我这几天测试的经验，总结如下。

一、"极速推"要注意的3大问题。

1.人群一定是不精准的。精准的不可能便宜，所以一定是边边角角的流量，包括个性化流量和站外流量，所以很有可能出现转化率极低的垃圾流量。

2.点击率可能会很低，甚至一个进店流量都没有。之前的产品很少有花了钱但一个点击入店的都没有的，但"极速推"就非常容易出现，因此图还是先测试好。

3.大面积抢的是"猜你喜欢"和个性化渠道的流量。渠道就这么多，变现流量产品多了，免费的位置就少了。

二、"极速推"适合的推广场景是什么呢？主要有3种。

1.新品测款测点击率。刚上架的时候，首先要解决的就是点击率的问题，之前主要靠直通车测试，速度普遍比较慢，而且会出现选词不一定准确的情况。"极速推"就是直接扔出去给所有人看，不单单是精准人群。

2.大活动期间拉"猜你喜欢"的流量。目前"极速推"的主要渠道还是"猜你喜欢"，所以大量的曝光都是出现在"猜你喜欢"渠道上，如果"猜你喜欢"的转化率还不错，可以加大推广。

3.客群广能快速转化的产品。人群不进群要能成交的，基本都是快消品，或者价格非常低的产品，尤其推荐家居日用类的产品去试试。

第151条："超级推荐"的隐藏全店低价引流方法

"超级推荐"的玩法设置有个隐藏玩法，一个全店低价引流的方法，设置如下：

1.首先，一个计划里面添加同一类目的、有销量的宝贝。

2.然后，定向人群那里，一个计划只添加一个定向人群，分别建多个计划去覆盖所有定向人群，出价的话前期就是4.5毛，或者建议出价的50%~60%即可。

3.资源位设置，一个计划里面只设置一个资源位，分计划把所有的资源位覆盖完，前期溢价20%~30%即可。

4.开启创意万花筒，开启推荐采纳权益。原理是这样的：不同的计划能触达不同的流量，多计划就能把流量的宽度和面壮大，但是因为出低价，所以最终获取的流量就很便宜，这就是推荐可以尝试的一个全店低价引流方法。

第152条：大促蓄水期的付费推广操作

大部分中等商家都觉得大促的蓄水是头部商家玩的，因为蓄水时PPC的增长幅度和转化结果不匹配。其实蓄水是必须的，而且依赖免费流量完成销售额目标是非常不现实的。那么蓄水在付费推广上怎么操作呢？建议如下：

1.要梳理在推广过程中，容易形成流量沉淀的付费渠道在哪里，针对高流量效率进行溢价获取流量，预算不够直接过滤低效渠道（即高加购成本渠道）。

2.更多的低PPC拉新流量计划，很多的边缘流量，日常不容易形成转化，但在大促的活动期间，购物的氛围依然能让人群形成沉淀。

3.更早的曝光活动价格力，部分商家认为会影响日常转化。通过发货的速度去转化日常，另外好评返现"618"差价给这部分的人群。

4.蓄水人群的高效触达，除了付费推广触达意向人群外，客服对于咨询未购买的跟进，下单未付款的跟进非常重要。另外客服要有效传达部分时间节点的高利益点活动氛围。

5.大促期间由于转化率的大幅度提升，但这部分的提升是由日常蓄水辅助完成的，并不是所有的产品报名了大促活动就能获取流量，反而会因为竞争对手付费强拉流量而导致自己店铺免费流量的下滑。

第153条：大盘的基本判断

1月份开始大盘的流量就在25%~30%左右的增长期，高峰期甚至超过50%，受疫情影响，2到4月份成交都比去年同期差，5月份开始恢复并逐步超过了去年的成交金额。

从目前的数据情况来看，对于行业大盘接下来几个月的走向，有5点是比较明确的：

1.线上的恢复速度远比线下要快，建议大家加快新产品上新的速度，再通过测款留下一些适合电商的产品。

2.从访客数增长来看，是线上抢了线下的生意，服务方面是很多消费者的顾虑所在，可以针对部分特定城市，比如珠江三角洲做高于天猫要求的服务，比如退换货。

3.国内市场在今年一定是比国外市场要好做的。供应链方面可以关注出口工厂给国内的生产能力，可以挑选一些产品做国内市场。

4.价格带低的产品会比价格带高的产品更满足现有需求。虽然每家店铺都有自己的定位，但如果价格带过高，今年会更难过，高价的可以适当调低。记住小商品虽然价格低，但依然是好品类，我们的产品也一样。这和前几年强调的消费升级，刚好相反。

5.风格变化回归到基本生活需求，华丽风格的产品减少。消费环境更注重实用性，大美、大欧等风格不适合长期待在家里，此类风格可以减少，产品开发回归到基本生活需求的满足，每个品类的基础款多引入。

最后，结合这次"618"期间20天的表现，在月底的时候，建议大家快速地做适当的产品调整，表现好继续加大力度，表现不好一定要通过产品去调整，毕竟产品才带流量，其他都只是技术。

第154条："618"期间"超级推荐"爆款拉新计划布局

刚聊到"超级推荐"，发现很多店铺的"超级推荐"花费已经远超直通车了。那么，在"618"活动期间，该怎么设置爆款拉新的计划呢，建议如下：

1.计划：建议按照品类建立计划，时间全部投放。

2.地域：按照常规产出较好的一些计划进行投放。

3.单元：一个宝贝建一个单元。

4.定向：主要以收藏加购和拉新人群为主。

5.出价：平均出价的60%~70%即可。

6.资源位：基础流量包。

拉新主要以低PPC为主，因为"618"活动的心智还是在"618"当天，所以之前转化不会好，重点看PPC和加购成本。

第155条："618"大促疲劳期的蓄水

6月4日～6月15日期间，整个平台的人群购物已趋于疲软，但后续还有核心的"618"大促，即将在6月16日开售，该如何在这段时间内为店铺蓄水开售引爆意向人群呢？

1.流量渠道筛选及资源倾斜，建议启动智钻，大促期间智钻的流量获取能力会比直通车更有效率。我们可以局限产品受欢迎的地域进行拉新，同时不限地域针对意向客户进行回流。

2.日常的流量的收割，我们在曝光"618"价格力的同时，针对想快速发货的商家，可以提前保价收割。这样既可以满足供应链生产的安排，也能提升产品坑产权重。

3.针对加购回流率低的商家，要注意多付费渠道获取意向客户的回流。针对加购回流率高的商家，多渠道的拉新，曝光价格力是核心操作。

4.针对预售获取销量不错的产品，可以在大促期间报名聚划算活动，争取获取活动流量，辅助"618"目标的完成。

5.6月15日和17日晚上的意向客户强溢价回流必须执行，尤其是冲榜单的商家，在自己的价格力最具优势的时间段，强势收割人群是冲击榜单的首要操作。

整个"618"的大促活动是由不断的引流和收割组成，每个阶段都应该有相应的流量和销量规划。大促期间，尽量往可控性渠道倾斜资源。

第156条：无理由退货收到货物破损怎么办

收到货破损，导致无法二次销售的事情时有发生，造成店铺的资金损失。上周平台正式上线新的维权方式：视频举证。大家一定要用起来，这条记得发给你公司负责处理退货签收的人，务必百分之百学会！

一、平台现支持视频举证

商家签收消费者异常包裹后，如无法与消费者协商一致，任意一方申请平台客服介入后，商家可选择上传拆包验货视频的方式来还原验货事实，而非物流红章证明。

二、视频举证要求

1.视频画质需清晰且能看清快递单号，视频需要清晰展示包裹的快递面单，证明包裹归属所对应的买家。

2.视频能有效反映验货中存在的问题，视频中能清晰有效地证明验货中发现的问题（如少件、空包等）。

3.如无特殊情况，商家需要在签收包裹后的72小时内验货并录制视频。

三、操作注意问题

1.务必确保画质清晰，避免只录制包裹的局部。

2.平台暂不支持拆封后补录的视频，建议商家保证视频完整及连贯，从准备签收就开始录，不管有没有问题的订单，只要退货的都录制。

3.特殊场景：若包裹外包装已破损，建议当着快递员面验货，如有问题，优先拒收处理。

这个对商家来说是利好的，仓库人员在收到退货产品时（特别是无理由退货破损风险买家承担），需要养成好习惯，百分之百退货订单，录制验收视频，帮助减少损失。

第157条："618"直播做了这些更有效率

"618"期间，大家在店铺直播时会遗漏哪些事情呢？粗略总结了几点帮助直播商家更好地引流和转化。

1.直播分享裂变券，拉新裂变扩散。大额优惠券加主播引导，提升裂变引流效果，副券设置分享5人获得大额优惠券，子券小额，大部分买家有大额优惠都会非常积极。

2.付费推广，"超级推荐"和直通车。通过"超级推荐"首猜、支付成功、物流详情、确认收货、微淘、直播频道推荐引入直播间新客，直通车直播推广拉新系统出价即可，精准化拉新。

3.积极开播，活动商品挂直播间，必须标记看点。

4.主播引导买家对直播间关注，激励粉丝亲密等级，引导用户预约单场直播。

全勤直播的商家将有6、7月份首页推荐，从这里看来直播只会成为活动标配和更多流量获取的方式，所以还没开播的商家一定要开直播！

第158条：电商企业的老板如何读书

虽然很多人说在信息如此爆炸和变化如何快的时代，读书已经落后了。但不可否认，读书依然是自我认知提升和专业性提升，最系统、成本最低的方式，没有之一。

那么作为一个电商企业的负责人（这里更多指老板，如果不知道怎么界定，那就理解为没有工资拿的那种。）如何读书呢？我的建议有以下5点：

1.多看基础教材

特别是大学本科的学科知识，虽然看起来没用，但在企业需要做出关键决策的时候会帮你一把，比如经济学、消费心理学、广告学等。

2.适当看些团队管理方面的书籍

人财物，一切起点都是人，比如平衡计分卡之类的管理类的书籍可以适当看看。

3.专业技能梳理

可以不精通，但一定要泛读。稍微知道一点，也能避免致命的短板，比如财税知识，可以不精通但多少要懂点。

4.重复看，再体会

如果你发现特别喜欢某类书，可以1～2年重读一遍，阶段不同体会完全不同。看前几年的梳理，容易发现有谬误之处，然后思考为什么，也是一种成长。比如《创业三十六计》我已经读了10遍以上。

5.边读边做，边做边读

商业永远没有最优解，只有适应一个阶段的最高效的解决方案，那就不断学习和实践吧，即时更新自己的认知。

第159条：卖货主播的6大能力和必备素质

过去一年，直播太热了，很多店铺都开了直播。开播不代表就播得好，产品和主播都非常重要，总结一下超级主播所具备的5大能力，分别是：

1.良好的沟通能力

2.销售技巧

3.一定的颜值

4.有趣味性

5.有料

如果这5点大家比较难全做到，只需要记住两个重点。"音量"和"语速"！

当你特别熟悉一个产品时，别人就会觉得你是很专业的，当你特别大声说出来的时候，别人也会觉得你是专业的，所以这两个基础是成为超级主播必备的。切记主播卖货说话风格不能温温吞吞，慢条斯理。

还有一个基础是销售技巧和营销逻辑，这里大家记住，不要仅仅只是卖自己产品的物理属性，物理属性的另外一半是精神属性，主播要去分析购买人群的精神属性，只有具备精神属性加物理属性，才是一个主播卖货的正确逻辑。

第160条：详情页设计的基本框架

设计就和搭积木一样，模块化是最容易提高整体效率避免出现低级错误的。详情页的每一块组成都有它的价值，假设一个设计功底较浅的美工，想设计一款高转化率的详情页，最基本的是遵循以下3点：

1.引发兴趣

第一张主图和详情页头屏海报的设计至关重要，决定了顾客搜索关键词和看完主图后，是否有兴趣继续滑动浏览详情页。

2.激发潜在需求

进行页面设计工作前先做好市场分析调查，从产品定位、竞品页面、"问大家"、差评里挖掘顾客最在意的需求点，以及对店铺遗漏缺失的卖点，把这些整合到页面上。

3.获得顾客信任

因为顾客是不能真实体验产品的，所以详情页要打消顾客的疑虑。对于信任感不光要通过品牌证书和资质证明来树立，更要把顾客最关注的需求点在页面做不断地强化，告诉他，我就是这方面的专家，我值得被你信赖。事实上，百分之八十的店铺没有想着努力提升顾客的信任，及解决他们的疑虑，而是只表现自己多好、多厉害，但对于用户来说，对产品不信任和担心的话，是很难成交的。

第161条：家具店铺微淘怎么玩

微淘是商家私域流量阵地，微淘流量转化率是手淘搜索的5～10倍，家具行业微淘转化率仅次于购物车与旺旺咨询转化。

微淘的流量特性：

微淘渠道是日积月累的流量池，需要通过长期的运营，方可持续收获。一般需要3～5个月的投入期。理想的店铺，微淘流量可占全店流量的百分之十左右，微淘成交占比为全店百分之十五左右。

微淘运营关键点：

1.店铺关注人数是私域流量的流量池，5万粉丝关注量以上的店铺，微淘必须利用起来。

2.通过优质的内容曝光公域，为店铺拉新，反哺店铺流量。

3.微淘沉淀店铺的忠诚客户，发布的内容要符合店铺的人群品位，有趣有料。

微淘运营必会的技能：

1.新品上新发布；

2.买家秀有奖征集；

3.活动盖楼互动；

4.必买推荐清单；

5.微淘粉丝群；

6.微淘粉丝短视频权益；

7.日常店铺动态发布；

8.微淘种草内容发布。

第162条："618" 活动有哪些坑需要注意

大促中商家往往会踩到不少的坑，活动中哪些坑是容易触碰的，解决方案是什么？总结3个方面，共10点，提醒大家：

一、营销违规，好评返现免单玩法违规，赠品玩法违规，未使用官方工具做秒杀预售等。

1.好评返现。好评返现是违规的字眼不能出现，大家务必注意。

2.赠品违规。没有送或者因质量问题导致投诉。赠品与宝贝本身的产品是否分包发货，价值、数量提前公示，玩法规则要公正透明。另外注意赠品本身也算是拍下产品的一部分，需要保证质量问题，有质量问题该补发的补发，避免投诉。

3.被投诉未按约定时间发货必定成立，解决方案尽量使用官方工具做相关活动。

二、如何防止黄牛抢货和大促低价？

1.设置限拍，页面提前说明。

2.启用平台八卦盾工具预控。

三、直播违规，直播口误极限词，活动利益点描述不清楚导致投诉。

1.主播脚本提前进行校对，确保万无一失。

2.主播利益点和商品优惠生效时间必须对应上，避免投诉。

3.售前客服和机器人接待沟通方式配置利益点和优惠需保持一致。

4.准备应急方案和出错时沟通机制。

5.活动大促进行时，多利用活动N件、品类券、免息等方式给消费者实在的优惠，这是避免违规的最直接方式。

以上总结活动中容易出现的坑，大家切记做好预防，避免违规。

第163条：违背发货时间承诺处理标准你知道多少

"618"大促，为了避免延迟发货导致赔付或者退款，发货时间承诺的判定标准大家务必清晰。

"违背发货时间承诺"判定标准：

1.如买卖双方无约定的，买家付款后卖家需在48小时内发货（淘宝网&天猫）。

2.有约定的从其约定（使用发货时间合约或预售工具约定，或旺旺上双方达成发货时间的一致）。

3.发货时间优先级：双方约定大于发货合约或预售工具大于平台规定发货时间（淘宝网&天猫：48小时）。

关于发货时间节点判定：

1."发货合约"设置为"3天内发货"的，则需在3个24小时内发货，即买家拍下的时间往后推移72小时。如买家2日23点支付宝付款，则应当在5日23点前真实发货。

2.若双方约定的发货时间不明确，则按双方约定的最低时限予以计算。"3天左右、大概3天、3天后"等，平台认定的发货时间为"3天"。

3.若双方在旺旺聊天记录中约定发货时间为"两天"，则从次日凌晨零时开始算。如20日14点承诺两天内发货，从21日零点开始计时，到22日24：00：00前发货。

4.淘宝详情页面描述为：3天发货，发货合约30天，客服认可发货时间为3天。

建议大家通过发货合约工具设置发货时间，但通过多种方式承诺发货时间的，以有利于消费者的发货时间为准。

第164条：如何提升页面询单率

对于家具类目店铺来说，提升询单率至关重要，那么想要提升询单率，首先页面内容要具有视觉的可读性，并且内容中要有引导的链接或者咨询入口。

1.主图信息引导

在主图上面做文字内容信息，例如：增加定制服务、信用购等，在底部增加一个"详情咨询客服"的按钮，引导顾客去旺旺咨询客服，提升询单率。

2.详情关联活动

配合店铺商品策划一些促销手段，例如：全VIP会员特惠活动、搭配购买活动、满额赠礼品活动、满额返现活动等，展示在首页和详情关联上，增加顾客点击欲望，引导顾客参加店铺活动并且咨询客服。

3.让顾客得到甜头

客户不会无缘无故地让自己在你的店铺里浪费时间，所以可以给他们一定的利益进行激励。比如可以领取优惠券、享受顺丰包邮特权、抽奖等。

4.搭配套餐方案

在详情页顶部增加搭配套餐的方案。例如：3D效果图、全屋套餐方案，解决顾客难搭配的痛点，联系客服免费搭配方案，增加"详情咨询客服"的按钮。

第165条：怎么分析销售额下滑的原因

当店铺产品在操作方面处于稳定期时，突然出现流量不变，销售额持续下滑的情况。这时候必须要警惕了，市场的竞争氛围产生了变化，我们应该怎么去分析销售额下滑的原因？建议从以下5个方面考虑：

1.市场数据

市场数据的交易指数如何波动，一些日常主题活动也会在前期造成流量不变、销售额明显下滑的情况。

2.产品竞争

在线商品数是否在短期内急速增长，产生销量分割的局面。精准类目容易发生这样的状况。

3.店铺流量

分析销量额流失的店铺和流失的规模，查看竞店的产品是否有新运营策略收割类目人群。

4.竞品分析

市场上是否有增长速度快，持续周期长的竞品出现。如果有，我们就得分析竞品高速增长的原因，一般都是由流量的沉淀效率和转化效率决定的。

5.人群分析

人群对类目产品的款式喜好是否产生变化，定期监控免费流量高速增长的产品主图表达方式，测试高速增长竞品主图款式和表达方式的点击率。

在日常运营的过程中，除了紧盯自身产品的数据变化，同时也要警惕新品的崛起，当有新品高速崛起时，必须要有相应的产品去抑制竞争对手的快速成长。

第166条：直播带货的4种营销模式

电商直播带货成为火热现象，直播确实很多人在做，但是做得精的却不多，大部分店铺都只是介绍产品，今天就给大家分享4种营销模式，供参考：

1.砍价模式——嘉宾阵容

嘉宾是来给你的店铺提升物理流量的。前期准备好直播脚本，嘉宾驾到给消费者砍价。怎么砍、砍多少、底线在哪里，提前沟通好。现场给用户呈现超值的感觉，一定要让消费者觉得不买就亏了，只有在直播间下单才有低价。

2.产品大放送——秒杀模式

秒杀大家都懂，拼的就是手速，限时、限量，注意以下几点：

a.限时，预热提醒整点秒杀。

b.限量的库存。

c.中控和主播沟通库存量。

3.官方活动来了——预售模式

但凡平台活动期间，都可以配合来做，特别是马上到来的"618"，注意以下几点：

a.设置定金券和膨胀券，在直播间不断引导支付。

b.不要只针对消费者，可以专门做一个针对装饰公司和小卖场的直播，工厂单体量大，做薄利多销。

4.明星助力——明星代言店铺

如果你的店铺请了明星或其他代言人，邀请来到直播间，用偶像影响力促使消费者支付下单，基本上我们这样的行业用得很少，但引导成交的效果非常一般，毕竟粉丝人群和消费人群是两码事。

第167条：遇到售后问题小二介入后处理的三原则

很多时候我们的愤怒都是因为期望和现实不同，比如今天下午春谈会会员群里聊到定制的问题，我们习惯性地认为某样东西就是定制，但平台小二却不觉得。

这样的例子还有很多，比如3D盗图为什么不能投诉，没有评估报告的专利无法投诉，明明退货破损却不能让客户赔偿，等等。

那么我们遇到类似问题，应该如何处理呢？结合我自己也处理了很多纠纷的经验，建议如下：

1.不卑不亢，明确事实

同时尽可能讲对自己有利的部分，但是不要情绪化，更不要骂人，尤其处理售后纠纷的时候。

2.熟悉规则，并用好规则

特别是在外观专利的申诉上，提交的证据要让申诉小二一看就认为有明确的不同，而不是让审核的小二觉得投诉方有理。

3.完整且简洁清晰地表达事情的前因后果，以及你的诉求

每个小二一天可能要处理几百起投诉问题，千万不要让小二自己去看聊天记录。所以要明确标注出来，让人不用思考就可以明白事情的过程和诉求。

其实站在平台角度主要是怕商家滥用定制规则，导致不给客户退款退货和不解决客户遇到的问题。在平台角度来看，消费者才是弱者，平台首先要维护的必须是顾客的利益。有了消费者，才会有商家来做生意。所以懂平台规则，很重要。

第168条：主体变更需要满足什么条件，有什么影响

近期有一部分客户因为店铺出让需要做主体变更的，不清楚变更需要满足什么条件以及担心对店铺有影响的，这里给大家梳理一下：

1.主体变更需要满足什么条件

店铺必须经营满1年，且有主体变更入口；老主体要求公司注册时间满1年以上、注册资金100万元以上，为一般纳税人；新主体近半年不能有股权转让，近半年不能有法人股东变更记录，经营范围有现在所售类目。

2.主体变更对店铺有影响吗

变更大概需要20～30天，变更期间店铺可正常经营。变更期间花呗不能用。

3.什么情况下可以做变更

老主体有税务问题、店铺转让等，都可以做变更。

4.变更后可以再转为小规模吗

目前是可以的，不影响续签。也就新主体在变更成功后，再申请降为一般纳税人。

主体变更在大促期间不能进行，"618"结束后，有需要的可以做变更。

第169条："618"当天直播语言的组织技巧

临近消费者认为的"618"，有不少会员的店铺已经开播，在短期内很多东西已经无法改变和提升的情况下，直播是为数不多的可以调整的动作，因此和大家讲讲直播语言组织上的几个技巧：

1.语感处理

给粉丝停留时间思考。

说话要有感情，面部表情和肢体语言要丰富。

声调要有变化，突出语句重音力度，多举例子，多总结重复。

2.沟通方式组织

围绕产品功能阐述，偏理性，多做分析、多说场景。

围绕粉丝需求表达，偏感性，多讲故事、多举例。

好的沟通方式合二为一，针对痛点，对症下药。

3.产品讲解

声音亮、语速适中。

低价打量的产品：语速清晰，节奏快，基本亮点罗列，情绪激昂。

高客单单价产品：亮点深挖，亮点有逻辑，表达起来有画面感，专业知识足。

第170条：上架B产品导致A产品流量下滑怎么办

很多商家反映在上架新产品的时候，原流量规模不错的产品流量大幅度下滑，什么原因会导致这样的状况出现？淘宝千人千面出现后，其实市场上的产品都以人群属性做了切分，我们该如何把个性化流量运用到产品上，致使原来的免费流量不受影响？

1.我们可以用价格带来切割人群，通过上架不同价格带的产品，让不同价格的产品曝光给对价格敏感的受众人群。

2.我们可以用不同的产品颜色来切割人群，点击过深色产品的人群，系统容易曝光同类型主图给对应的人群。

3.我们可以用核心关键词错位的方法来切分搜索人群，不同的人群搜索关键词的习惯是不一样的。

4.我们可以用不同的主图表达方式来切割人群，主图的色调决定大概率点击的人群属性，暖色和冷色的大概率点击人群是不一样的。

现在淘宝进行搜索的时候，同一个关键词在同一页，一个店铺只能曝光两个产品，所以我们要针对不同人群进行产品流量切割，这更有利于产品通过精准人群提升沉淀效率。

第171条：大促营销页面设计技巧

大促期间想要通过视觉营销吸引到消费者的注意力，是要有技巧和方法的。我总结一下大促的视觉营销技巧，大家可以让设计或美工对照检查看一下，有哪些是需要改进和提高的：

1.首页排版布局

页面信息的布局就如大型超市，将货品摆放时需区分类别、大小、价格等。要在视觉上对消费者的浏览和选购提供便利性的引导。框架结构设计合理的话，可以提高视觉的逻辑性，便于浏览者阅读信息。

2.主推款陈列

主推产品可多次重复，但图片形式不重复，主推产品不同角度不同场景出现，增加爆款曝光率，前面5屏是黄金区域，主推款一定要在前5屏展示。

3.入口分类规划

大促期间分类入口、视频、优惠券不可放一起，会把流量拦截，应分散展示。分类入口需要靠后放置，这样更有利于单品的销售。

4.主图表达

产品图要突出、清晰，占据更高视觉权重。利益点应简洁明了，不追求多。增加模特或者代言人元素，增加信任感，家居场景化时，多角度表现。

今年经济充满不确定性，大家在运营时更加需要精细化。电商说白了是个卖视觉的生意，需要持续去升级。

第172条：什么样的生意才会有高利润

大家都谈到了利润在降低，客户转化率在降低的问题。这让我想起一个古老而又很难解的问题，那就是：什么样的生意才会有高利润？经济学几百年的历史告诉我们只有两种情况存在：垄断且刚需！

那么结合家居电商，什么样的产品才有可能接近或者符合"准垄断"和"准刚需"呢？我认为至少要做到以下3方面：

1.差异化到客户无法找到替代的解决方案和产品。我们每个月做市场数据分析，如果按照细分功能和使用场景画象限图，会发现有很多的细分市场是没人做的。比如餐桌（产品）加老人吃饭（场景）加如何让花生米不会掉到地上？毕竟低头弯腰容易出事故（核心痛点）。没有替代产品而需求又明确的时候，议价空间自然就高。

2.类标品供应链优势直接占据一个品类百分之六十五以上的份额。价格战的高境界玩法，就是我做可以挣钱，你做刚开始根本不可能挣钱，所以新进入者必然少。然后通过超大规模店铺或者店铺群直接封锁流量入口，获得长期的有效利润。没有竞争对手的低毛利恰恰是好利润的开始。比如芝华士的功能沙发，连顾家在内的企业做都会出厂价高于对方的买家。那么对于芝华士来说，长期的综合成本领先下的利润，就是长期累积的高利润。

3.凡是出现在比价场景的产品，就很难做高毛利，除非该品牌有强大的信任背书。

综上所述，如果你的产品和运营等环节无法在垄断和刚需上做文章，利润是不可能提高的。

第173条：大促活动后有哪些问题需要规避

活动中容易出现问题的地方大家比较注意，活动后有非常多问题需要规避，那么来看看都有哪些问题需要注意呢，我们总结了三个方面共9点的内容：

一、延迟发货问题

1.库存不够卖或者发货能力不足，大促前需要做好规划前置测算交货能力，并且做好售后客服的发货能力不足的预案，最大地减少损失。

2.特定场景未达成（定制商品），页面和客服等路径提前告知消费者交期。

3.无物流信息回传，留存物流底单，发货后主动短信通知。

4.异常订单安排专人主动跟进，减少消费者的顾虑和增加体验感。

二、商品降价（"618"保价期为6月21日到7月5日）

1.营销没有合理规划，报名价保产品时，要主动对店铺价保，外化公式。

2.设置专门负责退差价保障的团队，通过智能服务工具快速响应消费者诉求。

三、消费者拒签

1.大促跨店凑单，规避退款率可以到网站（tousu.taobao.com）进行投诉。

2.选错地址，开启改地址功能，无法自主改地址的，安排专人手工修改，发货前短信通知，提前设置话术，引导消费者退款重拍。

3.发货慢，交期异常主动触达

不管是活动中还是活动后，该注意的点规避起来，可以让损失降到最低。

第174条：如何将劣势变成优势

一个有意思的问题，那就是如果店铺有一个明显的劣势怎么办？

其实这是一个企业经营必然会遇到的问题，毕竟，能存活下来的核心是发挥了你的优势，而不能做大很有可能是自己的劣势太明显了。比如管理的能力、产品的能力、营销的能力，总之一定会有某个点制约了你。

那么如何面对劣势呢？我觉得只有这么两个方向：

1.在原有环境中解决它，比如管理的问题，通过制度、人才架构、环境调整去解决目前的问题，使得问题在短期内不会成为瓶颈。当然这也是大部分企业的正常思路，也是正向的思考。

2.换商业场景，就和废品只是放错位置一样，很多劣势只是在现有场景下，它不是效率最高的方法。比如库存多，在日销的场景下可能是劣势，但在活动场景下，发货的速度，就可能是优势。

总之所有的商业问题，归根结底就是在适当的场景下的效率问题。

第175条：大促过后如何做数据复盘

"618"活动刚过，我们除了做大促的售后服务和跟进发货外，还需要对"618"期间的数据表现进行复盘，那么应该针对哪些数据维度进行复盘呢？

1.大盘数据的复盘，今年的大盘和去年的大盘数据的变化及变化幅度，最好能细化到店铺主推产品的风格和类目上进行数据梳理。

2.要针对店铺的数据表现，匹配去年的数据，观察各维度之间的波动幅度是如何的。

3.需要一个优秀的竞店进行数据匹配，对比流量渠道、流量规模、流量效率、流量价值。需要找出自己的薄弱项进行提升，尤其是竞店获取大规模流量的渠道。

4.关注"618"期间流量和销量高速增长的店铺，学习别人高速度增长的数据指标。

每个大促活动都如同一次大型的考试，考试过后必须对考试的试题进行解析，这样才能在电商的道路上走得更远！

第176条：店铺主体变更后，店铺保证金如何处理

大促过后，主体变更入口正常开放。很多人有变更的需求，但对这一操作又不太熟悉，关于天猫店铺主体变更的操作和规则，这几点你需要了解：

1.支持变更的店铺类型

专营店不可变更，因为专营店更换主体会涉及企业商号的变化。专营店经营的品牌可以随时增减，为保证店铺及消费者的稳定性，暂不开放专营店的变更申请。

2.变更次数有限制吗

同一店铺一个自然年度内，仅有一次变更机会。不能重复申请。

3.变更对店铺经营时长和销售额有影响吗

申请变更的天猫店铺需入驻天猫满1年及以上。若现主体为品牌代理商、新主体为品牌商体系内公司，且店铺内经营品牌的商标（卖场型旗舰店指服务类型商标）近6个月内未发生过转让的，不受该开店时间限制。不要求营业额。

4.主体变更后，店铺保证金怎么处理

店铺执行变更时，新主体需要重新缴纳天猫保证金，天猫会对老主体缴纳的保证金解除支付。

主体变更对店铺不产生影响，"618"大促过后，变更入口已正常开放，有需要的商家可以做变更啦！

第177条：详情页前5张图如何布局

详情页前5张图的目的是吸引买家眼球，让买家继续往下浏览，提高转化率。那应该如何去做页面的表达呢？

1.清晰表达产品卖点

专注一个卖点的表达，把这个卖点简单明了地诠释清楚，卖点不在于多，在于精，不要把过多的卖点往上放，会扰乱消费者的判断。

2.痛点挖掘

详情页里最重要的一个点就是挖掘顾客的痛点在页面上进行表达，挖掘路径：（1）消费者在使用你产品的时候存在什么问题，为什么没有得到解决？（2）感同身受地理解消费者，与顾客产生共鸣。（3）分析了痛点后，告诉顾客可以怎么去帮他解决。

3.图片质量

图片质量要保证清晰，把产品结构清晰展示，拒绝模糊的图片出现在详情页，影响顾客的浏览欲望。

4.消费者看得懂的语言

要用买家看得懂的通俗语言去表达，有很多卖家为了显示自己专业，用一些实际上大多数买家无法搞懂的专业术语或数据表达，实际上反而弄巧成拙。

第178条：店铺直播之私域流量获取方法梳理

"618"过去了，有开直播的店铺记得要去做数据复盘，分析流量来源，数据是最直观的体现。

今天总结一下直播如何快速获取私域站内流量：

站内拉新——通过对店铺私域、微淘等渠道的预热，引导老粉丝访问直播间，提高直播间活跃度，进而获得更多公域曝光。

小成本的站内私域引流方式，以一般商家的引流效果好差排列，这4点大家可以利用起来。

1.淘宝首页

首页系统自带的位置比较小，如果想要让位置大一点变成直播商品，可做一张大一点的素材图再加上直播链接即可。

2.直播中控台

直播间的内容质量越低，粉丝对直播间越不感兴趣，下次推送人群就会不断缩减，所以一定要保证直播的内容质量。

3.详情

资源位——系统同步位置较小，详情关联可通过商品二次展现。设置方式——直播中控台点击同步到"店铺和商品"，平台素材加添加直播链接。

4.微淘

可引导下载"淘宝直播独立客户端"，放置在手机桌面，打开率会更高。

第179条：对今年下半年市场怎么看

有个排名第十的店铺老板问我，对今年下半年的市场怎么看，我总结如下5点：

1.平台流量继续增长，客单价持续下跌。

2.市场需求依然还有很多不确定性，不用太悲观，但也不建议乐观。

3.刚需产品会更快速地增长，线下不行跑线上买。

4.毛利润提升会比较难，除非持续迭代产品做差异化。

5.控制好内部成本，不要乱扩张。

第180条：如何看字节跳动的电商机会

关于字节跳动（头条和抖音的母公司）的机会，其实今年字节跳动在电商上发力很快，头条小店和抖音的直播带货，都已经有了初步的规模，头条系特别是抖音的流量，让未来对于电商的想象有了更多可能。

当然现在模式还在探索，业务形态还不太成熟，我的建议是三点：

1.新的业务形态可能不是货架，而是内容，有合适能力的去做。

2.抖音的人设打造，对于卖货是有利的，目前也是很多有创意产品的流量来源，这是淘系电商不具备的能力。

3.合适的产品去做对应的渠道，测试数据表现。

第181条：提升产品附加值的两个核心方向

今天和一个家装行业上市公司的朋友聊天，其间聊到产品附加值的问题，在现在的行情下，很多人都觉得生意越做越难。

基本的经济学原理告诉我们，任何生意困难都是需求和价值的缺乏，假设需求不变的情况下，核心就是要提高价值，特别是产品本身的附加值（不考虑服务）。那么就家居产品而言，能提升附加值的，无非就这么两大块：

1.材料功能

一些新的材料能够实现某些特定功能，比如防水防污渍、实木弯曲、表面处理优秀等。这些不太可能自己研发，需要的是产品开发人员对新材料的了解和应用，因此这块建议大家后续多关注，长期来看是容易形成自己品牌的核心优势和消费认知的。

2.设计外观

设计的核心还是解决客户遇到的问题，不管是好看还是实用，当然大家关注好看会比较多，实用性上包括特定的场景下能够用起来不出问题或者解决某个常见痛点。比如收纳的最核心是方便和解决住房面积小。

当然产品之外的服务也是提高附加值的方式之一，但服务的落地都是有成本的，而且边际成本非常高（每单的成本高，复制成本高），所以长期来看，核心还是要提高产品本身的附加值。

第182条：什么样的产品会更加适合电商运营

看是否满足这6点条件：

1.单价相对便宜

电商起步的核心就是便宜，不管怎么升级，促使人买东西的最核心动力还是便宜，所以不管什么档次的产品，不管什么价格带的商品，它和同等产品有没有价格优势是根本的根本。

2.风格偏年轻化和简单

简单的核心是容易下单决策，越复杂越不容易下单，电商购物人群本身还是偏年轻化，所以产品风格也会年轻化。

3.口碑评价好，满足平台的流量正向反馈机制

卖得好的核心是获取流量成本低，客户反馈好是促使平台更多流量的核心之一。

4.视觉呈现拍得好，场景表达精准

电商是个卖视觉的生意，所以好的表达，特别是结合使用场景，让客户认可的表达是其核心。毕竟无法表达的都不适合电商。

5.新奇特的小众化产品

相比线下渠道，电商的长尾效应决定了总有一批小众化的产品，能够长期和良好的生存下去。毕竟单位面积区域/城市的小众人群本身是有限的，电商能够多个区域叠加人群。

6.电商专供款，区别于线下渠道和定位

线上和线下的成本结构不一样，从根本上就导致了效率的不同，因此专供款在过去和未来很长时间内，依然是最高效的产品定位。

第183条：客服催付有哪些话可以说

大件产品客服催付很重要，当一个客户拍下没有付款的时候，可以从以下3方面进行引导：

1.从客户角度出发引发客户聊天兴趣，比如付款有没有遇到什么问题，核对地址。

2.答疑解惑，针对之前客户提到的问题进行继续解答和引导二次提问，"亲，你说的是不是这个意思？"之类的。

3.利用赠品或活动优惠或发货时效，建立紧迫感和稀缺感。如："活动还剩下××分钟了……"

当然更有效的是直接打电话过去催付，订单确认——电话拨打——了解未付款原因。

第184条：新品推广不同阶段要做的那些事

新品上架后，有哪些事情可以做呢？总结如下：

1.完善阶段

包括基础的几个销量，5～10个评价，晒图，大咖点评内容完善，等等。这个时候核心还不是推广，而是完善表达，为后续转化率做保证。

2.提升阶段

核心目的是拿到流量，提升转化。计算出主要渠道来源，比如某个关键词或者竞品每天的销量和产出，努力达到和超过它。正常推广，多管齐下即可。

3.维护阶段

根据生意参谋和核心流量词的同类型产品，对比竞品的卖点。客服沟通方式、客服跟进、赠品，交货期等各项数据，还有价格。超过竞品是核心，甚至要主动降价，同时倒逼供应链提升效率。核心目的是争取更长期的稳定利润。

第185条：普通运营和高级运营的区别有哪些

今天看到一篇文章，讲的是普通运营和高级运营的区别，总结如下：

1.关于知识

普通运营大脑里是知识资讯，高级运营大脑里是模仿和方法论。

2.关于事情

普通运营是知道一件事，高级运营是解释一件事。

3.关于内容

普通运营是随着时间资讯越来越多，高级运营是随着时间推移，方法论模型越来越完善。

4.关于学习

普通运营是归纳法学习方式，高级运营是结构主义分析的学习方法。

第186条：如何找到优秀的人

经常有老板问我有没有优秀的运营或者美工等，给介绍一下，每次遇到这样的问题，我都会问他：你对优秀的定义是什么？就像大家讨论什么才是优秀的运营时，发现没统一的标准。总结下来可能是：能干活，会思考，有结果。

那么假如说有这样的人，怎么找到他呢？我总结如下：

1.找和你企业匹配的人

先把标准列出来，然后尽可能满足多项，特别是核心的1～2个项目，然后长期订阅这个岗位和标杆公司的人才推荐邮件，这是最简单和成本最低的找到潜在目标人员的方法。

2.通过聚会找到潜在的苗子

聚会是最容易发现好苗子的场所，没事多和人吃饭、聊天、请教问题，一个人能不能干活、能不能相处，沟通几次是很容易知道的。

3.搞清楚动因，核心关注点和思考模式

毕竟是找人，所以对方是怎么想的就很重要，与其改变人还不如按照他的思考方式，引导他往你想要的方向走。

第187条：运营的思维意识

很多会员都问过这样的一个问题，不知道该怎么考核一个运营者的能力？面试时运营操作都没问题，但最后结果和预期不相符，我们该如何从源头考核一个运营者的水平呢？核心还是思维意识，包括：

1.电商意识

必须坚持以产品变现为核心不能动摇。

2.产品意识

必须坚持用匹配市场需求的产品来做电商市场，而不是有什么卖什么。必须针对产品的特性分析电商的受众人群，放大产品的优势曝光给意向人群。

3.流量意识

必须坚持高效流量渠道优先匹配资源的意识，稳捉流量沉淀效率作为产品变现能力来考核，无法沉淀流量和低效沉淀流量时必须及时止损。

4.团队意识

坚持分板块精细化解决板块问题，团队必须有相应的绩效针对每个板块进行考核，板块的数据结果必须有人负责。

运营者作为一个店铺的核心中枢，必须对店铺的运营结果负责，所以考核一个运营者的思考能力、逻辑能力非常重要，如果专业度和思维不满足店铺发展需求，宁缺毋滥！

第188条：关键词如何匹配人群和场景需求

关于关键词匹配商品场景，有部分商品涉及精准使用人群或精准场景。

1.学生宿舍用的家纺类产品或家用家具中的学生桌椅，在编写标题的时候，关键词"学生"尽可能地放在前段，这样会有利于在搜索的时候，搜索人群能立即发现商品的使用场景。

2.首页五张图的场景也要匹配到人群的使用场景，这样有利于商品的点击和转化。

3.关于优惠折扣，尽可能地使用相关活动标语。暑假已经开始，开学季也不远了，做学生产品的记得优化标题。

做其他类目的也一样，尤其是风格店铺，关键词放前面部分有利于搜索人群第一时间精确到使用场景，更有利于获得点击！

第189条：快速成长中的公司怎么做绩效考核

客户案例：公司快速扩张中，每个月以50%同比速度增长，客服主管的工资怎么定才合理？

原方案：固定底薪加销售固定提点。

问题点：随着公司销售规模提升，客服主管的提成会快速增长，其中有一部分是来自自然增长而非管理提升。

解决方案：

绩效设置的目的是激发个人的潜能。客服主管管理岗位，要拿管理效能提升而产生的绩效，对客服的整体结果指标负责。

定制提成方案：固定底薪加奖金包的方式（奖金包按销售额来计算）。

KPI指标：销售目标完成率、客服询单转化率、客单价。

KPI指标完成率决定拿到奖金包的多少。将个人绩效与公司营收融合，上下同欲者胜！

第190条：如何判断制作3D图的好与坏

家具行业，除了通过拍摄外，3D建模渲染也是常用的手法。常常因为我们不是专业的软装搭配师或设计师，效果图的好坏很难辨别。那我们怎样去辨别一张3D图的好坏呢？

可以从以下4个维度进行思考：

1.模型

沙发模型是否精细，细节转角处是否做到位，材质做的是否足够逼真（皮的质感，布艺的质感，等等）。

2.灯光

整体光线是否自然，主次区分关系到物体的立体层次感。

3.空间

整个空间要有层次对比，纵深的环境会比闭塞的环境更有空间感。

4.软装

饰品之间需要跟风格关联，包括颜色、图案、材质。

好看的标准在于自然、不作假。比如我们经常遇到的案例：茶几上的饰品是为了摆而摆，在整个软装搭配上，没有关系。

第191条：儿童家具产品设计迭代升级考虑的5个方面

儿童家具的迭代升级应该更多地站在儿童的角度，以儿童的视角去设计。主要包括以下5个方面：

1.颜色

在家具与房间整体色调协调的基础上，以儿童的喜好奠定家具的主色调，在此基础上，再增加两至三个对比色，可以搭配得很明亮、很跳跃。

2.外观

尽量多地使用卡通人物与小动物的造型进行家具的设计，能让他们学会在生活中发现更多有趣的、可爱的、新鲜的事物。

3.材料

松木同样具有透气性强、弹性较好、易保养的特点，是儿童家具材料中较好的选择。在一些小家具的设计上，可以选择一些较为轻便的材料，方便儿童自己搬拿。

4.安全性

儿童家具在线条的处理上多采用圆滑的曲线，在架构连接处，要尽量避免尖锐棱角的出现，同时也要避免抽屉或者其他易动的家具零件设计，出现在儿童头部位置，以防止对儿童造成磕碰，危害到儿童的人身安全。

5.适用性

优秀的儿童家具是能够伴随儿童成长的，在设计桌椅类的小家具时，可以考虑可伸缩或者组装式的设计，以适应儿童不同成长阶段的身高要求，像衣橱类的大家具可考虑以不同高度来分区隔层设计，让儿童在不同的高度都有能自己选择的空间。

第192条：被客户投诉"三无产品"怎么办

很多店铺的包装都会用到"通用包装"，特别是在多店铺多品牌的情况下，那么如果被客户投诉三无产品，怎么办呢？总结如下：

1.国家约定俗成的"三无"是指在包装上无生产厂家、无生产日期、无质量合格证。

2.针对三无产品，如果外包装上没有标识，合格证上面有也可以，或者公司工厂有资质提供资质。如果都没有，那就需要与工商和投诉人协商了。

3.如何预防：商品图片或者外包装、产品说明书上必须凸显生产厂家、生产日期、生产地址。或者办理相应的生产资质。

第193条：直通车点击率很高，为什么不是10分

关键词的质量和一个词的点击率，做到了行业的两倍，却依旧是8分、9分，而不是10分，这是为什么呢？

1.计划本身是有权重的，新开的计划因权重较低，数据量的积累不够，导致整体的质量分偏低。

2.上分除了考核点击率，还有点击量，一个计划有100个点击量左右即可。

3.最基础的也是最容易犯错的"文本相关性"必须满格。

4.对点击率好的词加大推广力度，让整个计划快速提高权重。

最后，多关注加购成本和ROI，一切不能成交的推广都是有问题的。在ROI高于盈亏平衡点的情况下，使劲开，逐步降低，只要不低于盈亏平衡点即可。

第194条：一个店铺到底能不能有多个爆款

有人问一个店铺能不能有多个爆款的问题。多人听过各种不靠谱的说法，我想会这么想的原因不外乎以下2点：

1.第二个爆款比第一个感觉难做。

2.太多店铺就靠一个爆款活着。

事实是如此吗？

从系统角度来看，答案是否定的。因为没有一个产品经理或者系统开发的人，会认为一个店铺只能有一个爆款，其实是多多益善。今天不展开讨论，只讲怎么做，能做出多个爆款，核心思考以下4点：

1.自己的资源是否足够支持多个爆款。资源总是有限的，同样的资源给一个产品和给两个产品，最终每个获得的竞争力是不一样的。1个10米深的井有水，并不代表2个5米深的井也有水。

2.产品是否找到新的市场。如果一样的市场，左手打右手，是很难做出增量的。因此从产品定位上就是要和现有产品不能完全重叠，要区隔开来。

3.团队培训是否到位，尤其是客服转化能力。大件客服很重要，经常会发现客服对新的主推产品不了解，卖货能力自然不行。

4.新品与竞品的差异化和竞争力。没有绝对的优势，找到相对的优势就好，不要期待一个产品没有好的表达且在贵的情况下，消费者会买，花钱都是需要理由的。

第195条：什么样的竞争策略才能打到对方的软肋

做店铺分析的时候，最经常提到的词就是竞品。那么什么样的竞争策略才是打到对方的软肋呢？我总结如下：

1.强制力的保护，比如专利权、著作权、原图等。虽然目前的商业环境下，不能都有效，但只要会用，能够满足平台需求和进行平台语言沟通，就都还是很有效的。

2.对方不愿意改变的，比如做高客单价的经常不屑于低价格的竞争，有历史的品牌不愿意讲年轻化。

3.改变成本高的，比如某品类的代名词跨做其他品类。

所以从竞争角度要选择这些有门槛的软肋，同时自己产品要小步快跑，快速迭代，持续更新。

第196条：瓶颈期如何提升产品的流量获取能力

一个商品流量达到瓶颈后的时间越长就越不利，竞争对手会通过刷单、付费推广、降价等方法让自身的产品呈大幅度增长，从而削弱店铺产品获取新鲜流量的来源。那么如何提升自身产品竞争力呢？参考以下3点：

1.付费推广获取更多的新鲜流量，大部分商家在追求PPC下降和ROI提升的同时，付费流量也会达到瓶颈，这时候应该发挥直通车智能系统的功能。喜欢同类商品，同类型店铺，智能拉新、智能出价、智能选词、智能标题等系统将会是您的好帮手。

2.定期进行官方活动，通过大额优惠券获取浏览，加购收藏等人群的转化。好处：提高自身产品的销售竞争力；打击竞争对手（竞争对手未能获取较高真实转化的同时，意味着刷单成为高风险操作）。

3.店铺横向发展，通过提升其他次推产品的动销能力，形成小爆款群，提高访客的访问深度，达到提升店铺整体权重的目的。

第197条：搜索流量持续下降了近一倍，是什么原因

客户案例：某知名公司A商品6月19日始搜索流量持续下降，相比5月下降率达到一倍多，未找到原因。

案例分析逻辑：

搜索流量源于两块：

1.关键词搜索个性化推荐流量（点击高推荐越多）。

2.关键词搜索流量（排序靠前点击量大）。

案例解析：

1.经过对近一个月进店TOP10关键词统计发现，排名TOP1、TOP2关键词流量一直在下降；排名TOP3、TOP10关键词没有连续性的流量。

2.直通车投放关键词。只针对进店TOP1、TOP2关键词进行了持续推广，对每日推广流量未进行持续稳定的获取，时高时低。

问题点总结：直通车投放关键词没有完全协助搜索端的关键词做流量叠加，造成关键词下成交及点击持续下降，从而影响了搜索端关键词的排序下跌。

改善方案：

直通车关键词投放是辅助搜索关键词流量提升的。二者必须保持协同。建议该客户制定主推款进店关键词流量和直通车关键词流量统计表，做到团队透明协同。

第198条：如何在产品包装上与消费者建立信任感

消费者为什么会从实体店跨度到线上消费，除了价格优势，其他与消费者建立信任感的东西也尤为重要。如何在页面表达时与消费者建立信任感呢？有如下5种手法：

1.通过品牌实力赢得消费者的初步信任。

2.无忧售后和打破便宜没好货的惯性思维，解除购买疑虑。

3.关注一系列证明品质的权威证书报告。

4.跑分对比，就好比手机CPU有跑分，家具使用的材质亦可跑风对比。

5.划重点，让卖点可视化会更好地与消费者建立信任。

第199条：店铺突破瓶颈的3件事

总结一下店铺突破瓶颈最重要的3件事情：

1.产品的升级迭代

因为对于大件家具来说，找新款的难度比迭代一个老款更难，风险更大，所以要不断迭代升级产品，通过供应链优化，降低成本，保持长久的竞争力和长期的可预测利润，稳住基本盘。

2.找到一个新市场新产品

如果想获得10倍速的成长，一定是你看到了别人看不到的市场和消费场景。比如当所有人都在看新房市场，而所有新房市场总量在下降的时候，能够看到大量的存量旧房市场的机会，并能做出合适的产品，就可能会有更大的机会。

3.能力沉淀

任何瓶颈都是人的瓶颈，不要太期待有什么神招能解决问题，所有都是量变到质变的过程，优秀人的能力可否复制成团队普遍系统能力，以及末尾的能力有没有改变，如何提升人才密度，都需要不断总结沉淀和系统化。因为持续做，系统能力才越来越强。

第200条：家具有味道问题的处理解决办法

关于家具有味道问题的处理思路和方法：

1.客户质疑家具有味道时，该怎么办？尽量跟客户解释："新家具生产后即打包发货，所以有些味道是正常的，在家里开窗通风一周以上，让新家具透透气哦，咱们产品都是经过检测符合标准的，您可以放心哦。"

2.产品没问题，客户想以此申请退货时，尽量不要让小二介入处理，跟客户协商补偿或者给予退货。

3.小二介入后，如果买家是强举证，商家必须举证家具安全检测报告，如果没有，则支持买家退货退款，另外检测报告需要在商品销售日期前。

第201条：商品标签混乱，直通车怎么拉回人群标签

1.关键词尽量选择更加匹配自己产品客单价的。

2.测试人群，对优质人群做高议价。

3.基础权重、质量分稳定的情况下，可以转变成关键词低出价，人群高议价（计算好最终出价，避免出价过高或者过低）强化标签。

4.关键词计划的点击率，转化率稳定，定向开起来，强化商品人群标签。

第202条：常见的四种产品开发方式

1.设计型

一般老板是设计师出身，优势是辨识度高，劣势是风险和对人的依赖极高。

2.买手型

需要多年的行业、市场、人际关系的积累，不仅仅要熟悉货源端，还需要对流行趋势有足够的把握。

3.抄款型

对供应链端要求很熟悉，知识产权方面风险大。

4.改款型

80%的电商卖家选择改款型，是因为门槛低。但这会出现同质化严重的问题，对供应链端和运营端后期的要求也高。要做到有竞争力，需要有效的方法。

我推荐的方法是：价值切割！概括起来就是，在进行成本控制的时候，把一些对用户来说价值不大的部分直接剔除掉，同时把最重要、顾客最需要的部分做到超越同行的水平。

操作的方法是：

步骤一：收集用户关注项。

步骤二：拆解最核心的关注项。

步骤三：梳理最有价值点的解决方案。

总之，集中资源做好核心价值元素的部分。

第203条：店铺人群标签如何强制调整

1.我们可以通过直通车低出价高溢价的方式指定人群进行流量获取，逐步沉淀这部分流量。

2.付费针对我们加购收藏的人群进行多渠道曝光，致使真实人群转化。

3.对真实成交的买家进行引导复购，用低客单的周边产品引导消费者以高优惠进行复购。

4.如何验证："生意参谋——流量——访客分析——访客对比"。

结果导向，智能拉新人群里流量的数据结果大于计划均值。"超级推荐"获取的流量加购率更高，加购成本更低。

人群标签作为电商平台销售核心研究的数据，什么样的人群标签更适合自己的产品销售？这些人群流量从哪里来？这些人群购买产品时喜欢什么、关注什么？这些都是需要店铺运营去解析的，核心是为了产品能卖得更好！

第204条："双11"提前准备事项提醒

1.2018年"双11"指标锁定时间是8月25日零点，按历年"双11"指标锁定时间来看，基本是在8月下旬锁定指标，大家提前盯好各项指标的达成情况，现指标偏低的，可以针对性去做提升。

2.7～8月新品上新培养期，借助9月家装节、10月国庆节做好累积销量、评价与潜力测试，为"双11"上量做准备。

3.提前养价养品，大家倒推好"双11"主销商品的售卖价，毛利空间提前预留，清楚盈亏平衡点。

4.货品分层，流量款与利润款，做好关联搭配，流量款是引流，利润款是平衡全店毛利，各自承担各自的任务。切忌又想引流又想利润，这是个矛盾。

5.货品盘点，哪些货是满足提报"双11"条件的（主要是毛利空间），哪些是必须在"双11"时累积到一定的销量，为年终的销售做冲刺的货品，哪些是要培养迭代的新品，为来年做准备的，哪些是清仓货品，清掉即是赚。不同的货品采取的促销策略也是不同，要定制不同的促销方案。

最大规模的活动是拉动一个店铺整体层级的最佳时机，"双11"能打胜仗，"双12"和"双旦"基本不用愁！

第205条：关于人群的误区、来源和测试方法

一、直通车人群的误区：

1.高客单价的商品并非高消费人群购买多。

2.低客单价的商品并非低消费人群购买多。

3.女性产品并非只有女性人群浏览购买（尤其是家具类目，如梳妆台）。

二、人群的来源：

1.人群的覆盖率是建立在关键词的基础上，即不同的人群搜索的关键词会不一样。（如搜索餐桌和吃饭桌就是两种不同的人群。）

2.人群的点击率效果建立在图片的点击率之上。

3.人群可以让创意点击更上一层楼，但不能让一张点击率不好的图片变好。

三、人群的精准测试（人群是有交叉性的）：

1.每次只测1~2个人群（缺点：耗时长；优点：精确度最高）。

2.人群粒度批量测试，单粒度测试，用低关键词出价和高人群溢价的方法（如关键词出价1元，人群出价200%以上），用点击率最高的人群，两两合并，溢价增加10%的方式，快速测出精准人群。

第206条：搭配销售如何做得好

平台和行业流量见顶的局面下，在想办法提高流量的同时，想要做到销售增量，除了开发新品做新的增长点之外，还可以提供客户购买件数，做关联搭配提高客单价。

某排名第3的店铺客均购买件数超过2.3万，另一排名第10的店铺客均购买件数超过2.5万。这一方面代表了他们的产品竞争力高，也是流量最大化利用的表现。如果你的店铺客均购买件数没有超过1.5万，在目前流量成本高涨的情况下，就很难挣钱。

那么，如何做好关联销售呢，我认为重点在于产品布局是否合理，是否做到了以下几点：

1.核心配次要，比如：床配床头柜。

2.大件配小件，比如：沙发配茶几。

3.高价配低价，比如：餐桌配椅子。

产品线单一，或者价格体系设置不合理都会影响搭配销售。同时客服跟进能力，特别是对关联产品的推荐能力，都会直接影响关联购买效果。

现在问题来了，考验一下你的产品策划能力，设置一个促销组合，一张床应该配几个床头柜？答案：

A. 1张

B. 2张

请选择A或B，并说明为什么？

第207条：主图LOGO打标注意三点

主图LOGO打标，对品牌宣传和记忆尤为重要，那主图LOGO应该怎么打标，放在什么位置比较好呢？注意3点：

1.建议以左上角为主

人的阅读引导视线以左上角为第一步。而且在手机端上，系统自动带的打标容易遮挡LOGO。

2.尽量以精简和文字造型为主

LOGO展示是为了让消费者清晰认清LOGO，切忌LOGO附带一连串标志，显得过于复杂，要知道手机端上，主图的展示位不大，消费者能否看清很重要。

3.底色和区别背景要突出LOGO

大家可检查自家店铺的LOGO，在主图呈现上是否能看清。

第208条：怎么做才能提高计划权重从而降低PPC呢

1.保留10个左右有点击且点击率高的关键词。

2.人群数据集中化，把数据表现好（高点击率且ROI能接受）的人群留下，数控表现差的先暂停。

3.创意图从高点击率、高转化率等综合维度考虑，只保留一张。

4.前期以提高点击率，保证一定的点击量为主。发现上分比较困难，应该检查行业的点击率是多少，自己的是多少。如超过行业1.2～1.5倍，提高点击量即可。如果低于1.2倍，则优化车图、关键词，以及人群。

5.PPC前期会变高一些，等后期展现开始上涨后，方可进行拖价，同时以调整时间折扣为主。

第209条：竞品的选择及数据模仿和超越

竞品选择的盲区：

①选择类目销量第一的商品作为竞品；

②选择具备明星效应的高销量竞品；

③选择的竞品流量架构不健康（如高占比的付费流量和活动流量）。

1.如何对标选择竞品？

①价格带必须一致；

②详情描述的产品使用场景必须一致；

③款式应该尽可能相似；

④产品竞争力相似或可超越（通过直通车测款测图）；

⑤商品运营到不同的阶段必须选择不同的竞品；

2.如何进行数据模仿和超越？

①模仿：通过分析竞品（成熟的热销商品）的流量架构来构建商品流量架构，如免费流量、付费流量和活动流量的占比。数据模仿尽量以免费流量作为提升的核心（如手淘搜索加手淘首页），搜索和成交最主要的5个关键词进行监控和模仿。

②前期爬升：商品流量保证一定时期内的稳步增速（用付费推广最为明显）。商品的成交笔数在指定周期内稳步提升。短期内可以通过付费推广，来获取询单访客的转化。例如可以给高标准的赠品，或者晒图或者高金额返现。假设以成本价还不能转化，可以认为目前的定价不具备竞争力。

③后期超越：通过其他付费流量和商品本身权重提升的流量，超越竞争对手。例如增加首页流量、"超级推荐"、智钻等。

④实操：指定提升的费用，比如一个月内通过指定笔数来达到转化的目的。例如客单为1000元的商品，成本价为600元（包安装加快

递），我们以600元或者550元让询单访客进行转化。假设一天是两笔，30天共可以增长60笔，加上真实访客转化，及假设亏损一笔是100元的情况下，推广的费用也仅仅是1万元，而销量可以轻轻松松破百。部分大件家具月销量也仅仅是100件以上。

第210条：常见的店铺三种增长问题类型

我们遇到的所有的问题都来自现实与预期的差距，从问题的类型来说，基本上可以分为三类：还原型问题、潜在型问题、完美型问题。

1.还原型问题：问题已发生，希望还原成原来的水平。

2.潜在型问题：问题没有发生，但是长期来看有潜在风险。

3.完美型问题：现在的业务目前没问题，预测长期也不会有什么风险，希望未来做得更好。

问题不同，应对的方式与方向也是不同的，不可能同时将三个类型的问题都同时解决，这是一个很大的误区。

从实战咨询案例中，看到有很多对问题定义不清楚的现象，例如：店铺负责人说要增长N倍，但其实近几个月一直在下降，这个时候首先解决销售还原问题。出现持续下降，说明有因素在变坏，找到这个变坏的影响点。

还原问题分析模式：对比分析法。

通过对比之前与现在各因素（含内部与外部）的变化，找出变化的因素，再让因素回归到最佳状态。

我们常见的还原型问题：产品力下降、内部协作效能低下。类似以上两种问题，如果不做还原型解决，一味地去做完美型问题解决方案是无法保持长久的。

第211条：如何深挖客户需求提高询单转化率

通过对客户的需求、情感等进行深度挖掘，了解客户背后的动机，进而与客户建立信任，以便精准推荐，让其顺利成交。有以下6招：

1.询问客户是新装修还是换沙发（根据回答可以了解到客户的需求是否仅限单个沙发）。

2.询问装修风格（可以了解哪些型号适合）。

3.询问使用场景及背景墙长度（缩小范围，可以了解是否可以关联销售）。

4.询问家庭情况，是否有老人或小孩或动物（了解面料是否耐脏）。

5.询问客户个人情况或预售或发货时间（根据客户喜好颜色、面料与预算推荐产品、了解客户的发货时间，如未成交确定什么时间再联系客户有效，避免多次联系造成反感）。

6.询问使用者工作类型（了解客户身份看与哪一部分产品卖点高度契合）。

第212条：如何给小二写邮件更能解决问题

经常会遇到商家有事情需要淘宝天猫的小二来帮忙解决，比如剔除不想参加的活动，申请开设某个权限。大部分运营习惯在旺旺或者钉钉上留言，但实际的情况是小二基本不看旺旺，除非他要找某个店铺的人。钉钉是现在日常使用最多的工具，但消息太多，除非是像我这种有强迫症的小二，不然很多信息都不去看。

而阿里日常基本靠邮件来进行重要沟通，所以养成了邮件必看、必回、必处理的习惯。那么邮件如何写呢，我的建议有如下几点：

1.邮件标题：某某店铺关于什么什么事情的沟通/申请。

2.正文：某某你好，某某店铺某某产品（ID：123456）报名参加某某活动，因为×××原因，导致无法参加。如果不参加会造成×××的影响，所以想申请×××动作（比如剔除）。

3.结尾：联系方式上写旺旺号（一定要写店铺的子账号，以确定是该店铺），钉钉号。

4.注意发送时间，如果是周末节假日，基本上要周一才能回复或解决。发送邮件后可以钉钉留言一下，提醒查看。

5.少用附件，附件可以截图放正文里面。不要用QQ邮箱，推荐用阿里云邮箱。

第213条：如何规范做好详情页，教你如何"盖房子"

每家店铺设计师的水平都参差不齐，如何更好地规范我们的设计，让店铺设计保持统一性。这就涉及设计的标准是否规范等问题，那详情页应该怎么做得标准呢？

详情页的标准规范可以理解成"盖房子"，有3大步骤：

视觉规范（打地基）加内容框架（搭楼层）加图片视觉（装修）等于详情页。

1.视觉规范（打地基），包括色彩、字体、字号、风格定位等。

①色彩：需要定义好主色调和辅色调，字体颜色也会规范2到3种。

②字体字号：规范使用字体不超两种，然后再定义一级、二级、三级字体大小。

③样式设计：对辅助元素和符号，进行归纳汇总，确定3到4个样式。

④视觉风格：找准产品的图片风格定位参考，后续设计和拍摄上往参考方向靠拢。

2.内容框架（搭楼层），包括详情逻辑顺序、图片高度、字体排版布局、段间距、行间距等。

框架的确定是可以确保在不同设计师做详情的情况下，能有据可依，保持整个框架的统一协调性。

3.图片视觉（装修），根据详情的逻辑框架、前期定位好的产品风格和产品包装需要表达的卖点，前期进行图片梳理和规范化。

做好视觉规范和框架，相对于"盖好房子"，对设计流程和统一性标准能起到非常重要的作用。

第214条：如何做产品SKU布局和切入

如果你相信万事都有逻辑，那么对于电商来说最底层的逻辑就是："GMV=流量×转化率×客单价"。而在做分析的时候要做的最基本事情就是拆解到最小要素，比如流量要拆解到入口，拆解到具体的词根或坑位，再拆解到具体获得这些词根或坑位的对应的SKU。所以其实流量是结果，产品SKU才是原因。那么如何布局SKU呢，我的建议如下：

1.根据流量入口去布局SKU

拆分到你想要获得的流量入口，你可以假设这就是一条街，你要做的事情就是在这条街上开一家有竞争力的店，然后才是去街口做广告。所以要根据流量入口去布局产品的不同SKU，不要期待一个产品搞定所有入口。比如有好货和聚划算就是冲突的流量入口，搜索和"猜你喜欢"也基本是互斥的渠道。

2.聚焦最小SKU，单一要素逐步最大化产品化

在成长期聚焦核心产品，不要选择最大的市场或最热门的差评。然后根据客户关心的点，再继续做拆解。比如假设你发现买沙发的人中有固定比例的人特别担心脏，那么围绕这点做出针对性的产品，形成系列。床上用品是一个品牌聚集度极高的品类，但是基于过敏人群，就可以创造出一个防过敏的四件套组合。

3.结合新的使用场景，新建SKU，创造增量市场

就拿床垫来说，越是标品越有机会，可以基于新房、旧房、出租房、儿童、老人、婚庆等去组合创新，挖掘新的消费场景。就像在手机和电脑之间，切除了一个平板电脑的市场。

这都是我在过去两年做咨询的过程中，实际经历和挖掘过的案例。

第215条：适应个性算法，哪些基础必须做

从搜索到人找货，到个性化推荐的货找人，结果是平台的流量结构发生了巨大变化，搜索从以前的70%的占比到现在的35%～40%左右，个性化从零开始到现在的40%～45%左右。

作为店铺，有哪些基础运营的动作是更能够匹配个性化算法，获得个性化推荐的流量呢？建议关注以下3个方面：

1.做好产品细分定位，个性化的背后是足够的细分，所以定位好你的用户和使用场景是基础。

2.选对类目写对属性，既然系统是通过标签和行为轨迹做匹配，对系统来说最容易匹配的就是后台的产品属性，所以一定要写对属性。

3.页面中适当的写文字，绝大部分详情页都是纯图片，基于算法抓取规则，推荐在PC端的产品推荐，适当写些相关的文字。

4.通过内容匹配产品，比如评价，希望系统出现什么标签，在评价内容上就应该出现得次数最多，而且尽量不要用负面词。比如没有异味，系统经常抓取到的只是异味。

第216条：跳失率的误区和降低跳失率的办法

商品跳失率直接影响商品的转化能力，跳失率过高的商品转化率一定不会高。关于跳失率过高的问题误区：

1.商品跳失率过高，责任在于设计师完成的页面不好。

2.商品跳失率过高，责任在于拍摄的时候图片质量不高。

3.商品跳失率过高，商品卖点没有竞争力。

4.商品跳失率过高，商品定价太高。

除了视觉和产品设计原因，其实也会有运营原因。导致详情页跳失率过高的其他原因：

1.引流的人群非精准人群。由于部分商品在起步阶段采用了人为数据或者淘客跑量，导致人群杂乱无章。淘宝优先展现的人群不精准，导致跳失率过高。例如淘客跑量起步的商品，后续淘宝展现的优先人群极大可能是喜欢折扣的人群。

2.商品详情页展现与主图落差太大，落差越大对跳失率的影响越大。场景代入感违和度太高，例如主图的表达为中式家具，详情页则搭配欧式的装修。标题为学生学习椅，商品表达的人物形象却是职场人员。

3.产品关联销售不匹配，例如实木床产品，却把鞋柜这并不关联的产品作为推荐商品，客户访问深度会较低。实木床更应该搭配衣柜、化妆桌等卧室类商品。

4.商品的评价和手淘"问大家"的问题，也是影响访客跳失率的原因，尤其是第一页的评价和手淘"问大家"。差评和负面的手淘"问大家"问题能直接增加跳失率。

除优化商品详情页的工作外，我们还能通过店铺运营的方法来降低跳失率：

1.通过付费精准人群推广，能在一定程度上降低商品的跳失率，确定商品是受哪类型的人群欢迎。

2.视觉优化，主图加视频加首五图加详情页不存在违和感。

3.产品推荐关联销售搭配问题，例如柜类推荐，同风格的隔断柜和边柜可以进行搭配销售，增加访问深度。

4.日常对评价和手淘"问大家"进行维护和优化，让消费者的体验能辐射到新访客。

5.增加一些吸引访客询单的视觉要素。

第217条：最近的两个常见骗局和应对方法

骗子永远是最先感受到变化的一群人，任何漏洞在他们眼中都是商机，犹如有差评，就有差评师的出现。最近大家需要关注两个方面的刷单骗局：

1.村淘刷单扣点

村淘因为扣点高，而且很大一部分是要返给村淘的网点，所以一部分骗子就以刷单名义下单，不仅赚了刷手费用，趁你不注意还赚了村淘的返点。

应对的建议：目前村淘已经没有流量入口，不存在说你没加入就商品无法展现（之前是无法在农村地区展现），所以建议可以直接从村淘退出，不要再加入。除非你的村淘订单很多或者完全不刷单。

2.大件运费险骗局

这是过去两个月出现的新诈骗方式，因为大件的运费险金额高，所以骗子就有了利润空间。

应对的建议：大件运费险整体来讲是没什么价值的，所以建议大家可以退出。至于骗子自己买，这防不胜防，大家如果遇到，可以把旺旺号、订单地址、手机号共享给我们，我们做个查询工具让大家能够核验和避免。对自己的店铺来说，没有办法完全避免。但在不违规的情况下，可以延长发货周期，这样的话骗子一般就不太愿意压资金而选择退货了。

第218条："双11"店铺入围指标早关注

按历年"双11"节点，8月下旬将进入"双11"店铺入围数据动结期。

"双11"店铺入围的基础指标：

1.基础服务考核分：柜类2.6分，床+床垫类、沙发类2.7分，其他二级类目2.8分为达标。

2.有以下违规扣分，不可入选。

（1）近30天（含）内因一般违规扣分累计达12分，或存在严重违规扣分的。

（2）近90天（含）内因一般违规扣分累计达48分，或严重违规扣分达12分的。

3.开店时长：已满180天。

4.商家综合排名（以销量为主，包括诚信经营、品质分）。

现在是8月初，针对以上几个指标要重点关注，如发生不达标的情况，要及时想方法提升上来。

第219条：标题的关键词应该怎么加

产品进来多少流量，很大的决定因素是标题，30个字把产品的精华浓缩出来，务必要本着利用最大化的原则精心筛选关键词。

1.30个字一定要加满

词越多说明你覆盖到的关键词越多，那你获取流量的能力才能增加。

2.一定不要有重复词

重复词有两个影响，一个是造成位置浪费，再一个就是重复词会影响权重，重复词在不同位置和前后不同词的搭配也会相互竞争，难免让系统计算冗杂。

3.主词要放在前11个字里面

客户要买一个东西，不会把30个字全部看完，再就是手淘首页位置显示标题字数有22和11个两种，你要是在素材中心传上图了和卖点审核过了，那么在手淘首页位置就显示11个字。

4.有很多隐形的关键词

产品属性里面的内容，也会被标题抓取，比如只要你是包邮的，搜索就会默认自带关键词。如果本身词不多，是可以加进去的，会更加强化你这个词的权重。

第220条：如何判断主图视频的好与坏

主图视频的重要性，相信大家都知道。不管是自己制作还是外包制作的视频，那应该如何判断好与坏呢？

可以从3大维度思考：

1.整体性：包括整体视频逻辑、调性烘托、场景软装搭配、光线氛围。

2.具体画面问题：画面色彩、排版构图、镜头衔接、音乐节奏、文案和字幕问题。

3.模特：根据产品的属性特点匹配对应的模特，包括服装、模特表现力、动作衔接。

其实反推产品，都要尽量围绕着消费者关心在意的点去展示和突破。例如床，无非就是展示款式好看；床头、床架、床尾的设计；承重怎样、木材材质、靠包材质等。

第221条：客服询单转化率低的原因分析和提升方法

经常听到有人说这段时间转化不行，生意太差，那么如何提升客服的询单转化率？想要提升，必须先找到转化下降的原因，使用逆向思维——从结果中寻找原因。客服主管应每天抽查前一天店铺询单未下单的客户聊天记录，尤其是客户发链接询问具体商品的聊天记录，可以从以下维度来分析：

询单流失原因一：服务态度有问题；

询单流失原因二：不看详情页，胡乱回答；

询单流失原因三：客服专业知识不到位；

询单流失原因四：客服推荐能力薄弱。

找到原因之后才能针对问题来提升，提高转化率三步曲为："探寻需求—挖掘兴趣点—精准推荐"，最基本需求如何探寻？通过问？问什么？如何问？

1.问使用人群；

2.问买家喜好；

3.问产品使用场景。

通过询问，与客户建立信任，再探客户需求，而后推荐产品！

第222条：质量分突然降低怎么办

直通车关键词中午还是10分，晚上就6分了，怎么办？

1.检查移动质量分的组成，找出突然降低的板块，突然暴跌一般是相关性降低导致。

2.相关性主要包括：（1）关键词与商品类目属性匹配情况；（2）标题文本相关性。

3.如果相关性原来是满格，说明现在这个词的最匹配类目更换了，所以导致质量分降低，这个不可以挽救。如果是文本相关性原来就不满格，则标题文本要覆盖该关键词。

4.质量分只是平台为了避免完全按照价格排序而做出的一套体系，为的是通过质量分去确保坑位的广告收入。

5.从直通车的操作有效经验来看，实际上不用太关注质量分，核心关注点是单价、加购成本和最终的ROI就好。

第223条：3种方法把下单的客户导入微信

现在很多店铺都在将下单的客户导入微信，为的是便于后续裂变，也有的是作为刷单池塘来养。但不管什么目的，第一步是要将客户导入微信，测试有效的方式包括以下几种：

1.引导客户加店铺微信

以更好地服务客户为理由，特别是刚下单的时候，方便客户找店铺沟通。

2.主动通过客户手机号加

每天批量导出，然后用软件添加。可以批量通过手机号加好友。

3.利用原有客户获得新客户

比如通过类似砍价返现的系统，客户邀请朋友砍价，砍了多少价格就返现多少，在用户确认收货好评后，引导客户做二次分享，裂变他身边的朋友和同社区业主加微信。

强烈推荐大家把客户导入微信，形成自己的私域流量池，否则流量越来越贵，利润只会越来越薄。

第224条："问大家"模块运营技巧总结

"问大家"就是变相的宝贝评价，同时也反映了很多买家共同关注的问题，维护好了，转化率就上去了，维护不好，很可能毁掉一个产品。

优化好"问大家"模板，建议做好以下4点：

1.培养一批优质客户

账号等级高，确认收货速度快，评价活跃质量好，在线时间长，经常提问、回答、点"有用"。

2.推广前先去"问大家"提问引导

提前把可能问到的问题梳理一遍，然后去提问，让收到系统邀请的优质客户来回答，后面再出现类似的问题，会被折叠，降低，有被恶意攻击的风险。

3.优质客户回答贴合商品卖点，字数在15字左右最佳

对优质客户的回答多浏览，多点"有用"。

4.定期检查。

第225条：外观侵权投诉处理原则和申诉办法

遇到知识产权外观专利侵权的投诉，处理原则和技巧了解一下：

1.申诉凭证类型优先排序为：专利先于在先证明先于6面对比图。

2.产品与投诉方差异不大的情况下，不要贸然提交对比图去申诉，成功率比较低。

3.在没有专利，也没有销售记录的情况下，先去淘宝或者天猫找一下这个产品有没有别人先发布的记录，然后去店铺的微淘找一下产品的上新记录，一般店铺上新都会发在微淘。

4.如果微淘的上新记录早于投诉方的专利日期前，可以用来作为凭证进行申诉。

5.申诉凭证类型选择：在先证明

提供微淘上新记录截图（带有时间的）和产品详情页面截图。

6.申诉说明参考：

小二您好，我方不存在侵权行为。理由：投诉人专利日期为某年某月，而该产品某年某月在天猫就已经上架销售，早于投诉方申请日期。该产品对应的微淘上新时间为某年某月（请看截图）。请看产品天猫链接（附上链接），根据《专利法》第二十三条"授予专利权的外观设计，应当不属于现有设计"，应该驳回投诉方的投诉。谢谢！

第226条：流量快速下滑的原因分析

我们在经营店铺的时候经常会遇到店铺流量快速下滑的情况，流量快速下滑是要从多维度去分析的，是店铺整体流量下滑，还是一两个单品的下滑？可以从以下几个维度来分析下滑常见的原因并找出解决的方法。

1.店铺被处罚降权，产品是否有被监管

（1）体检中心——订单体检——订单清洗。

（2）虚假交易有真实订单进行申诉，同时打电话给淘宝专家组。

（3）违反广告法，及时删除产品违规词，重新上架。

如果是其他违规降权，销量不高的链接直接删除重新打造新链接。

2.不合理改动

比如犯错误把标题中有权重有流量的关键词改掉。改回去，通过老顾客稳定提升引流词搜索权重。

3.隐形降权

直通车重点开降权的词，通过老顾客真实成交，提高权重，稳定搜索转化率。或者删除链接重新上架。

4.系统搜索权重调动

淘宝系统的搜索会根据不同的节点有些变动，比如说大促节点，所以可以根据大盘的数据去观察。

第227条：品牌性强的类目如何布局流量

部分精准类目搜索流量少且过于品牌化，例如床垫，全类目商家付费流量占比大于50%，某大品牌的付费流量大于55%，成长型商家该如何获取流量？

可以利用智钻加直通布局获取高精准的流量布局：

1.从智钻中去匹配类目中相同价格带的品牌商品，精准匹配品牌店铺获取流量（优先选择容易获取流量的价格带），获取一定基础的收藏加购人群和浏览人群。

2.用直通车标准计划拉回智钻曝光人群，浏览人群，收藏加购人群。

3.用直通车标准计划匹配品牌词进行流量竞争。

4.用定向计划获取浏览人群和加购人群在首页"猜你喜欢"的二次回访。

前提是自身的产品必须具备一定的价格优势，客服必须具备强转化能力，否则无法从类目大商家中获取流量和转化。该付费推广的布局是利用访客多次回访形成成交，非常适合精准类目的使用。毕竟大部分的商家在老客户二次回访的转化率能做到10%。假设客服转化能力差，价格没优势，不建议在扩品类的时候竞争该类型的特殊类目。

第228条：做好"消费者行为路径分析"相当于做好一半的详情页

我们常说主图和详情页好比一个"销售引导"，分析好消费者行为路径，相当于做好详情页的第一步。那应该怎么去分析消费者行为路径呢？

首先必须梳理产品的基本信息，包括：1.产品的主要卖点；2.核心用户画像；3.核心购买理由；4.核心使用场景；5.解决用户的什么痛点；6.产品的微创新；7.优秀竞品的分析。当以上信息分析完后，基本能得到产品的价值所在。再对应消费者的浏览详情页习惯，可做如下"自问自答"的行为路径分析（以下将通过床垫案例分析）：

1.主图吸引，价格合适。——点击进入。

2.这个床垫谁家的，买的人多不多？——口碑不错，继续逛。

3.外观怎样？——消费者主观判断厚度和外观决定产品品质。

4.用什么材料做的？——这材料比同行都好，能可视化的感知到。

比如：①剧烈运动，会否异响？②承托性如何，会否塌陷？③是否有异味，甲醛超标吗？④偏软还是偏硬？⑤透气如何？⑥品质信得过吗？

5.尺寸如何，我家里的床放得下吗？——我到底买多厚适合放我家的床？

6.面料细节都是什么样的？——贴心设计，打消我的疑虑。

7.搭配有优惠吗？多买有优惠吗？——决定购买。

分析到这一步，大家应该很清晰了，把自己想象成一个消费者，多问个因为和所以，让我们的详情页多从消费者角度思考，然后再用设计的形式简单明了地传达给消费者。

第229条：提升店铺做内训课程效果的4个步骤

任何优秀的店铺，内部的学习能力必须强，毕竟外部培训只能解决核心岗位能力提升，而内训是需要全体提升和解决日常具体问题。但我接触的很多公司，由于专业度不够和内容准备不足等原因，基本上做着做着就做不下去了。那么内训课程应该怎么做呢？建议参考以下4个建议和步骤：

1.明确目的、目标

在设计课程的时候，就要有明确的目标，而且越具体越能解决眼前的问题越好。比如：让公司全员理解"双11"主推产品的卖点。

2.教学要通俗易懂

不同岗位的理解能力和对具体模块的熟悉程度也不一样，假设所有人都是"小白"，熟悉的也当重新梳理一遍流程。比如卖点提炼过程故事化，USP明确的要点，还有对应的测试证明对比方法。

3.课程最后要总结回顾

结束之前一定要从头到尾回顾一下这堂课讲的内容框架，和最终需要大家记住或理解的点。比如今天讲的产品的核心卖点是什么，验证方法是什么。

4.口述简化表达

结束后每个参加培训的人按照自己的理解，尽可能深入浅出地把自己记住和理解的部分复述一遍，然后再结合自己的岗位工作讲一点有哪些工作可以做。这样就可以检查是否实现了最初设定的目的和目标，是否成了团队成员的能力。

第230条：大型活动，如何抢上会场

每次大型活动，都有商家问如何抢上官方会场，我以行业会场（如精品家具）为例，总结如下：

1.预热期核心是加购金额，调动一切资源来做加购，包括辅助的软件。

2."双11"当天是上一个考核时段的成交金额，集中力量做好几个核心时间节点的成交。包括：0点、1点、3点、5点、9点、11点、14点、17点、19点、20点、22点。

3.根据会场来换类目，比如客厅竞争激烈，书房就小了很多。商业家具虽然大部分都在比较后的位置，但是每次都有单独的楼层，有些住宅和商业都可以放的产品，可以新做个链接考虑下。

4.田忌赛马式地避开热门时间点，16点是最疲软的时候，18点和21点还是流量高峰期。

5.如果整店铺抢不过，那就抢单品坑位。对于绝大部分腰部以上商家，其实都是有机会的。

总结下来，抢会场最重要的是：

1.明确核心考核指标（加购及成交金额），集中力量定楼层、定时间节点突破。

2.一切都和客户先谈好，当天就只是花一分钟付个款，不够就想办法补充上。一定是先准备好，再抢，而不是看天吃饭。

第231条：上升阶段产品标题优化建议

许多商品在制作完标题后，经过系列的权重打造，开始从精准词获取了手淘搜索的流量，但还存在许多商品在权重成熟后没有进行标题优化，商品在不同的阶段对应使用紧密相连的关键词会有所不同。常见的误区如下：

误区一：容易获取搜索点击的词不代表能获取类目高搜流量。

误区二：容易获取转化的关键词不代表能获取高交易额。

商品在不同的权重时，使用的不同的关键词组合，能在权重不变的情况下提升搜索流量，建议如下：

1.权重起来后应该往容易获取较高交易额的关键词倾斜。

2.权重起来后往容易获取大流量的关键词倾斜。

3.进行标题优化时，原获取最高流量的关键词不能随便调整。

第232条：产品测款测图的方法和步骤

测款和测图是产品的过滤线，既是测盈利能力，也是及时止损，避免大规模错误导致亏损。

测款有两个方法：

1.老客户反馈测款

让老顾客对产品投票，收集反馈，初步分析市场。

2.直通车、钻展测款

引入足量目标访客，对比分析收藏率和加购率，以及买家对产品的意向度。

除了测款之外，还要进行测图，展现的主图越符合买家的需求，点击率才会越高，平台对买家的黏性才会越高，在展现分配时才有优势。

测图的步骤如下：

1.准备4张有差异的创意图。

2.公平展现，关闭智能标题以及任何存在变量的功能，关键词选择核心词汇，贴近真实的搜索转化场景。让4张创意图公平展现，测出点击率比较好的一张。

3.分析数据，找出优秀的。

利用数据分析中的关键词点击率，对比下，如果可以达到市场的1.5倍到2倍，一般类目中这张图就是可行的。如果想和竞品比，那可以把4张图中较差的一张换成和竞品比较相似的图，就是克隆一张竞品的图，参与到比赛中。然后看获取竞品的点击率数据，再以此为标杆判断自己的创意点击率是否可行。务必要超过它，否则长期来看，很难竞争过竞品。

第233条：客户投诉，质检报告提供注意事项

关于客户反馈或投诉，比如甲醛问题，质检报告应该怎么提供和小二的判定逻辑是什么，很多人搞不清楚这些，这里总结一下：

1.客户提出甲醛问题，不管是否有检测依据，只要到了小二那里，商家都需要提供含甲醛项的检测报告，必须要甲醛项的！因为在平台方角度看来，商家产品上架销售前，应该准备好相应的报告，无报告则支持退货。所以没有检测报告最好不要介入。

2.平台认可的检测报告，首页上面需要有CMA①标。

3.检测报告的检测样品应该是整件产品，而不是单单一个板材，或者海绵体。

4.检测报告需要在订单销售日期前1年内的。

5.如果产品是喵住产品，则提供喵住检测报告即可。

6.SKU多的店铺，建议做下检测报告，可以规避很多味道、甲醛类的售后问题。

---

① China Metrology Accredidation（中国计量认证/认可）的缩写。取得计量认证合格证书的检测机构，应按证书上所批准列明的项目，在检测（检测测试、校准）证书及报告上使用本标志。

第234条：如何判断单品到底适不适合做爆款

怎么去辨别自己的店铺单品是不是适合做爆款？目前来说直通车打爆款是市场上通用的做法，我主要从直通车的维度来分析这个问题。我除了看这个单品的点击率、收藏加购率、转化率之外，还要看一下市场的数据表现。

第一，看这个类目的流量构成，多找几家类目竞品去看，找同一价格的竞争对手，看他们的直通车搜索流量占比。如果直通车流量占比超过搜索太多，那么这个单品就有可能不适合做爆款，因为后期有可能会入不敷出！

第二，直通车的后台去看ROI。

可以找到同一价格段的竞品，看他直通车渠道的UV价值是多少，预估他的投产。比如UV价值是7.5，点击单价是2.5，那么投产是3。那根据我们的产品，算出ROI平衡点来之后，如果可以赢利，说明是可以的。

以上的方法，是让你给自己店铺单品爆款做一个定位。这样就可以自己评估这个单品，值不值得用直通车付费推广的方式去做爆款，可以避免很多不必要的损失。

第235条：洋淘买家秀的内容来源和提升流量的方法

现在的内容来源有两部分：

1.系统加人工筛选的优质评价部分。基本的要求就是图片清晰有文字评价。

2.直接在洋淘中投稿，拍照分享的买家秀。入口，手淘中搜索："洋淘——拍洋淘——选择买过的宝贝"，然后可以拍照，从照片中选择，或者拍视频分享。

由于入口放到了"猜你喜欢"中，流量大增，因此推荐大家多在评价晒图的同时，再做一遍洋淘的分享。

第236条：旧房市场的家具灯具产品需求有哪些特点

任何生意上升或是下降，最根本的原因，还是背后的需求变化。过去几年新房市场一直受到各种政策的影响，已经过了爆发式增长期。但观察绝大部分产品的设计和表达，都是假设用户是全新房子装修，因此一定程度上对于旧房来说，会有很多的不适合，导致无法满足用户的需求。那么旧房市场的家具灯具产品的需求有哪些特点呢？总结如下5点：

1.风格更加多元化

前几年最流行的是美式和北欧风格，这两年意式和轻奢风格增长迅速。但做旧房市场，有很多以前的地中海式、韩式、欧式的风格产品需要替换，毕竟不可能为了一件家具就把整套房子风格都变。

2.服务要求更高

新房都是空的，因此只要送装就好，而旧房绝大部分都是有产品在，需要搬走的，因此在服务上旧产品搬运就非常重要了。

3.局部空间驱动

特别是儿童房，随着儿童年龄的变化，必须重新装修。二手房在客厅空间方面，绝大部分要重新改造。

4.对质量和价格更加多元化

旧房的场景复杂程度远远大于新房市场，比如在交付周期和质量上，需求是高中低都有的，特别是在高和中层需求上。对价格敏感度也更低，毕竟试过不好的，总想一次性解决问题。

5.更加依赖细分市场和个性化流量

旧房比新房市场需求更加分散和周期长，因此在流量入口上，更加需要通过案例、长尾词等触达。

第237条：做产品要聚焦解决核心需求

前段时间我讲了一堂产品的课，谈到通过价值切割的方法做产品，通过保持原点、创造、增加、减少、剔除5个步骤做产品创新。

最近接触几个跟进的客户，发现大家还是比较喜欢避开"正面战场"，毕竟竞争压力也大。但我认为，任何产品的核心都是解决用户的核心需求，越有价值的产品越需要解决核心需求。不要偏离核心功能。比如沙发要舒适，桌椅要美观，柜子要实用。那如何聚焦核心需求呢，我的建议有三点：

1.定义好产品的核心功能

没有包治百病的药，也没有万能的产品。在产品规划阶段就要定义好产品的核心用户和核心使用场景。

2.拆解用户需求并舍九取一

可以做也可以不做的，一定不要做，要做出极致产品，必须聚焦到最小要素、最小使用场景的细节。

3.核心功能的突破依赖材料和设计的结合

纯设计经常无法大幅度领先同行的解决方案，经常需要依赖新材料，多关注相关配套的材料变化。

第238条：如何解决设计与策划沟通难题

设计师和策划（或者运营，下同）的有效沟通一直是电商里的难题，很多团队设计师觉得很委屈，主要的原因就在于沟通不畅，互相不能理解。怎么更好地提高团队的沟通协助能力呢？可以参考以下方法。

1.制定公司和店铺的VI[①]体系，字体、字号、表达要点等，都全员明确，形成品牌手册。

2.策划在给设计表达的时候，尽量通过DEMO[②]制定规范，DEMO的结构和内容能遵循消费者的浏览与购买习惯。

3.约定共同的数据指标，比如点击率、停留时长、跳失率等并确定具体数值，一旦不满足竞争所需，就需要进行迭代调整。

[①] 全称Visual Identity，即视觉设计，通译为视觉识别系统。它指将CI的非可视内容转化为静态的视觉识别符号。

[②] "demonstration"的缩写，意为"示范""展示""样片""样稿""原型"等，常被用来称呼具有示范或展示功能及意味的事物。

第239条：地域推广提升ROI的操作思路和步骤

许多店铺在推广的时候为了保证流量，开全区域推广，流量确实有保证了，但往往发现ROI提不上去，拖价后展现量又减少了。除了精准人群还有其他提升ROI的优化方式吗？可以从地域上进行匹配。

关于推广中的地域筛选：

1.先从生意参谋的地域筛选匹配地域，这时会匹配到城市区域和省份区域。我们会先匹配类目在哪些区域产生的效益是最高的。

2.通过直通车工具中的报表，针对主要消费推广费的商品进行重点分析，这时匹配出来的地域数据表现是喜欢自己店铺产品风格的。

操作：

1.过滤90天或者180天不产生数据效应的地域，例如ROI等于0，直接默认为产品风格不适合该地域的文化。

2.ROI小于平衡点的地域，这时取舍会比较难，建议只投放部分城市，优先考虑一二线城市，其次是根据自己在该省份的历史发货记录核实城市。

3.平衡点的计算：ROI = 1÷（1−成本占比百分比），达到平衡点后针对有效地域大力推广。

4.直通车的地域表现同样适合用于"超级推荐"或智钻。

第240条：如何快速提升手淘收藏加购率

对于收藏加购比较多的商品，淘宝系统就会认为你的商品是买家所喜欢的，进而获得更多的展现机会。如何快速提升手淘收藏加购？主要有3种方法。

1.主图引导

现在的消费者一进店，首先会看主图，而且5张主图有百分之九十的可能性会看完，把引导图放在主图里触达率会更高！产生主图引导的文案有很多，但核心点都是利益刺激。例如：加购自动满减、收藏加购赠送，甚至还可以打出购物零风险的旗号，允许全额退款！如此便能刺中消费者的痛点，极大可能增加收藏加购！

2.SKU选项

SKU选项这个地方也是用户会看的地方，因为当消费者要选择款式或者型号时，商家在图片或者属性选择里（比如说高度、颜色、款式大小等）就可以做引导。例如：收藏加购赠送礼品、收藏加购售后延保、收藏加购优先发货等。

3.详情页前端

详情页是促进转化的重要因素之一，这里放置引导收藏加购的就不能像前面一样只是简单的赠送礼品，而是要尽可能地吸引住用户，因为用户可能会滑屏很快，或者购买的欲望不是特别大，所以放置在详情页的引导要尽可能的看起来足够优惠！例如：可以设置放优惠券的图片，设置大额优惠券，第二件半价，加0.1元换购产品等。

当然了，自动回复，客服沟通，都是非常重要的引导客户收藏加购的方法，大家可以综合起来用。

第241条：怎么有效地解决出现的问题

所有的问题都是源于现实与理想之间的落差，面对问题最有效的方式是拆解，把一个问题拆解成最小影响单位。

案例一：群里经常反馈店铺流量下降，全店流量是由单品流量组成，那么主推款流量是不是下降了？

主推款哪个渠道流量下降？如果是搜索流量下降，是哪个关键词进店流量下降？关键词流量下降，是因为竞争对手权重提升，还是因为自身权重下降影响了搜索排序？如果是竞争对手权重提升了，那我们对应加大这个关键词的权重，流量即可恢复。

案例二：客服询单转化率低。

首先看看店铺每个客服的询单转化率有没有区别，如果存在高低之分，直接打开旺旺聊天记录，看转化高与转化低的聊天内容有什么不同，向做得优秀的学习；如果转化水平平均，且都是偏低水平，那么请参考客服迎客七步曲，提升客服导购专业度。

运营中的问题基本上也都可以层层拆解，你可以试试。

第242条：接到工商广告法投诉举报约谈，应该怎么办

1.先打个电话到110咨询，是否是诈骗，也可打当地上级工商部门的电话来核实来电的真实性。

2.确认投诉以后看看店铺是否存在违反广告法的词语，先改正过来。

3.如果接到的电话是工商让你到场处理，要你携带很多资料过去，你需准备：订单交易快照、营业执照、法人身份证（不是法人去的话，要有法人委托书）、订单状态截图（打印1份）、广告法用语（商品宣传图片打印一份）、情况说明（投诉、订单状态）等。

4.资料没有准备齐之前，建议先跑一趟当地工商，跟对接人了解投诉人的需求是什么？是要求退货退款还是赔偿。也可以顺便了解工商对处理这单投诉的态度，目前掌握了什么资料。

5.违禁词这种情况属于违反发布宣传内容，并非在其他媒体发布广告，最好跟投诉人和解协商撤诉。

各地工商处理方法不一样，关键跟工商对接人了解清楚情况，能协商尽量协商。

第243条：一张图片多个店铺上传，怎么让系统认为不是相同的图片

讲个小技巧：一张图片上传多个店铺，怎么让系统认为不是一样的图片。

1.通常的做法是：重新修图，每张图片套模板，加水印等，费时费力还得思考加什么。

2.高效的做法是：用md5修改工具。直接批量修改图片的md5值，自动生成。然后把图片分别上传到不同的店铺。

3.修改的好处：容易获得新品标签，不会被系统认为是重复铺货。

第244条：如何做店铺的月度数据复盘

今天是9月1日，你对8月份做月度复盘了吗？特别是数据的复盘。

店铺的运营方法、推广方法都是根据市场和团队的专业度提升，而不断地更新迭代，所以需要定期对店铺的数据进行复盘，除了为店铺沉淀有效的运营方式，同时也要为店铺的试错进行总结。在做月度复盘时要针对店铺本月和上月的数据进行对比，分析店铺数据的波动因素。

那么，复盘分析什么数据？我的建议是：

1.店铺的流量渠道、数据变化，分析我们尝试去做的方式得到了什么样的数据结果。例如推广，换了推广方式后，推广的渠道产生了哪些变化，加购成本是否更低？ROI是否更高？

2.店铺的产品数据变化，除了运营操作影响的变化，我们都知道家具是有季节性的，某些季节性家具（比如床和餐桌，在下半年会高速增长），我们是否匹配了时间节奏做了相关产品的运营工作？我们是否对该品类的特性进行了总结？

3.主推产品的市场数据变化，需要特别关心主推产品是否根据市场波动进行数据变化，当产品数据不随市场变化时，我们需要警惕了，是否同类产品在线商品数猛增长（灯具类目出现过在大促前某关键词在线商品数翻3倍的情况），要定期观察高速增长的店铺或产品，如出现高速增长的同款，我们是否需要调整运营策略？

定期的数据复盘是必须的，因为整个平台的数据是处于流动变化的，当错过了数据和方法的总结时，竞争对手可能已经超车了，那时候店铺数据大幅度下滑会措手不及！

第245条：如何挑选培养家具主播及应该打造什么人设

主播是一个神奇般的存在，那店铺主播可以从哪些渠道招聘呢？

1.线下导购：因为这类销售长期贴近消费者，有亲和力，有成熟的沟通方式，随机应变能力好，不怯场，有基础的销售知识。

2.全职妈妈：薪酬要求不高，工作时间需灵活，需要培训沟通方式，提升专业形象。

3.学生兼职：适合大部分品类直播，培训要求高，稳定性较差，最好长期签约。

找主播总的来说，需要符合这几个特征：有自信、耐寂寞、会聊天、随机应变能力强，专业知识丰富。

可以打造以下几个人设：

1.家具搭配师：在空间设计和色彩搭配上来引导客户。

2.家具体验师：站在消费者的角度测评这款家具适合什么样的家庭。

3.家具手艺人：从产品本身出发讲解产品的实用性、耐用性、环保性。

4.家具设计师：从家具设计理念出发告知客户产品的价值感。

第246条：推广花费迅速用完然后又恢复正常怎么办

"超级推荐"出现在活动前两天早上一个小时就快速把日限额用完了，然后今天又开始恢复正常，这是什么问题？就是某两天"超级推荐"数据大波动，但后面又恢复正常，建议按照下面方式做下自检：

1.有可能是部分类目产品在休息日和工作日的数据存在比较大的偏差，看看自己的类目是否有这样的特性。

2.分析下同行竞品在相同流量渠道上的数据是否有变化，进行对比。

3.自己检查下计划设置是否做过改动调整，导致计划权重变化下滑或冷启动。

4.检查计划时间折扣，是否周六日与周一至周五的设置比例不一样。

遇到情况不用慌，按照以上步骤检查好，并实时观察好数据变化就可以了，有时候有可能只是短暂的数据波动。

第247条：如何利用品牌优势寻找差异点

很多店铺都困惑怎么去寻找自己的优势，从而形成差异化。下面告诉大家怎么利用品牌的优势去寻找有效的差异点有3个方面：

1.品牌信任背书的优势

品牌为了增强其在市场上的承诺强度，通常会借用第三方的信誉，来对品牌的消费承诺做出再一次的确认和肯定，例如："专注××年匠心工艺""与国际设计师合作品牌""红点设计奖"之类的信誉来加强顾客对店铺的信任感，从而增加品牌的优势。

2.品牌情感诉求

选择情感切入点与消费者产生共鸣，从而提升品牌溢价能力，也更容易被消费者记忆。例如某品牌的切入点是："摆脱世俗，找回自我，做生活的艺术家。"针对现代年轻人追求自由、颜值、乐天的属性，它能更好地打动这类型的消费者，从而产生情感共鸣。

3.产品功能卖点

将自身产品的优势结合消费者的需求，分析总结出属于产品的差异化优势。例如：在市面上普遍展示的真皮材质的基础上继续深挖，形容为"皮中贵族、意大利进口纳帕皮"，从而把产品的品质拔高，展示出高级感，提升品牌溢价能力。

第248条：大促期间售后客服的应对方法

大促活动期间，不仅售前客服接待量剧增，售后客服的接待量也会多很多，售后客服针对不同类型的客户需要准备什么沟通方式？如何应对？我们梳理了4条最常见的沟通方式如下：

1.催发货

尽量安抚客人，说明发货时间，取得客户的谅解。可能的话催发货的订单优先发货，做不到的就不要承诺。沟通方式参考："非常抱歉哦，活动期间因为订单量暴增，仓库会按照付款时间顺序3～7天左右陆续发货的哦，我们会仔细核对订单信息，且在加班加点保证质量的前提下给您发货，有特殊情况会专门联系您。我让仓库尽量给您排在前面发好吗？麻烦您耐心等待一下哦。"

2.缺货

及时联系客户并致歉，能补货的，询问客户是否愿意等待。不能补货的，优惠补偿换颜色尺寸，或者换款式，不行就协商，退款给客户。

3.物流异常

物流爆仓、丢件、破损不能及时送达的，要找到具体的原因再解释。沟通方式参考："非常抱歉哦。给您带来那么多麻烦，我马上确认下，看看是什么原因，确认好了立刻给您回复。"

4.催退货退款

沟通方式参考："平时的话我们仓库签收了以后，两天左右退款，但是由于"双11"退货退款的量剧增，仓库那边可能忙不过来，一般会在物流显示签收后5天内处理好退款，您再等等，我们会尽快为您办理的呢，太慢之处，敬请谅解哦。"

话说今年促销太多，如果客服要保价，建议都做。做完了如果到时候价格真的低了，再补差价就好，总比丢了订单要好。

第249条：大促期间客服沟通的7大技巧

大促过程中，不管前期老板和运营做了多少准备工作，客服很可能会掉链子，对于客服板块需要重视起来，大促期间才能多赚、多卖点，那么客服在和客户沟通中有哪些技巧可以提高成交率呢？

1.心态端正，要站在客户的角度学会换位思考和宽容。

2.积极主动，主动询问客户，了解客户需求和隐形需求。

3.目的明确，以促进成交为前提，老板切记适当地给客服放权。

4.善用旺旺表情，增加亲切感，不要让客户觉得他是在和一个机器聊天，以此拉近彼此距离。

5.善用语气词，语调变得柔和，提升客户体验，哪怕你是男生，也要学会女人的娇柔。

6.封闭式提问，要A床垫还是要B床垫，而不是要还是不要。

7.给客户尊贵的感觉，优惠只针对他一个人，且不易得，要表露出申请的不容易，是一层层的申请。

最后切记一点，不要给客户过多的选择，有些客户会有选择困难症，那么他很有可能就不买了。售前的培训在大促期间不能仅培训一次，需要多次培训，领悟在心。

第250条：大促期间客服沟通的7大禁忌

经常总结客服的沟通技巧，有技巧肯定也有禁忌的部分，比如客服自以为是，在沟通过程中挑衅话语居多导致投诉等。对客服进行合规的培训是非常有必要的，能避免不必要的隐形损失，所以今天来总结一下大促期间客服沟通过程中的禁忌问题：

1.避免争论。买家在质疑产品的时候要耐心解释，把产品的特点和卖点叙述清楚，买家对产品有怀疑属于正常现象。同理，如果你买一样不熟悉的产品，必然也会质疑产品的某些特点或者材质。

2.避免答非所问。有许多客服会犯一样的错误，买家问什么，他只管按既定方式去说，没有一点思考能力。换作你是买家，你也不想买这家的产品，针对买家的需求进行回答才是正确思路，后续沟通方式再延伸。

3.避免反问买家。比如"你明白我说的吗？""难道不是这样的吗？"，要避免这类话语，客服要做的是让买家理解产品的好处和卖点，而不是反问买家，部分买家会觉得你的反问很不礼貌，因而不太喜欢，最终影响转化。

4.避免自言自语。单方面打断买家，自顾自推荐产品，这样会让买家感觉进入了一个广告推销的组织。试想一下，本来有购买欲望，但却被广告包围，你会想买吗？

5.避免自以为是。对买家提出的简单问题冷笑嘲讽，如果买家懂产品，那么他就是你的老板了，根本不需要来购买产品。所以，客服别认为懂一点就可以轻视不懂的买家。

6.避免诋毁。不要在买家面前诋毁其他店铺或者产品，特别避讳指名道姓。如果有的买家正好在同时咨询竞争对手，刚好截图给竞争对手的客服看，那被投诉就不好了。

7.避免施压。不要强行让客人购买，不要说"你到底买不买，不买可以去别的地方看，我家产品不缺客人"等话。催付可以用其他方式进行，比如说"不好意思打扰您了，您拍下的订单还没有付款呢，活动马上要结束了哦，结束就没有这个优惠了呢"，用倒计时的方式催付比较合适。

对于大促前的客服培训，需要有系统性，做好方案，做好预案，避免突发事情来得让人措手不及。

第251条：对标竞品的4个玩法

天天看竞品数据，但看完之后都不知道可以干吗，总觉得无从入手。从生意参谋处能够获取到一些竞店和竞品的数据，但获取到这些数据后，该怎么应用到自己的店铺产品中呢？提供4个参考方法：

1.借A打B

模仿高流量规模A产品的玩法来超越中高水平的B产品。可以从竞品的流量渠道里面筛选出擅长的，优先进行突破。

2.数据匹配超越

从视觉出发再到运营方法，直接测试竞品在零销量时的点击率和加购收藏率。如果产品在零销量时的点击、加购、收藏率跟竞品差不多或者超越了，这时候通过付费推广等方式能够直接匹配竞品的UV[①]价值，针对关键词进行权重超越。

3.渠道错位竞争

如果店铺类目竞争非常拥挤，或者说在搜索里面展现的都是一群高销量权重的竞品。这时候在我们产品基础比较薄弱的时候，建议渠道错位竞争，例如在手淘推荐、短视频、洋淘秀、内容推广里面运作，能有效避免直接竞争。

4.视觉错位竞争

和竞争对手同款时，可以通过图片测试，获取高点击率的产品颜色或表达方式，选取次主流颜色与竞品错位。这时候对于新品非常重要，后期成长起来后直接竞争主流颜色。

通过竞店和竞品的数据，可以模拟出很多方法，前期是规避，后期是直接竞争。但产品的打造规划必须根据自己团队擅长的来优先进行，并不是所有的产品都值得深入打造，前期必须测试出不错的数据，再进行资源的投入。

---

① UV：UV为独立访客，指店铺各页面的访问人数。一个用户在一天内多次访问店铺被记录为一个访客。

第252条：著作权投诉如何申诉

著作权申诉有3种途径：

1.证明你的作品跟对方的作品是不一样的。

2.证明你的作品是拿到的作者的授权。

3.提供在先销售的证据。简单的办法，平台认可的证据，就是各大网站的公开发表时间，你要保存的证据有两个，一是谁发表的，二是什么时间发表的。用在先证据去申诉，选择其他证据类型，提交在先证据截图，并进行完整的说明申诉。

第253条：如何利用文案吸引消费者眼球

文案作为店铺的"发声器"需要找准消费者的需求进行描述，在撰写文案的时候可以有哪些技巧去提升呢？

1.简单易懂的文案

能看懂，是文案的底层逻辑，看得懂、有感知是吸引消费者的第一步。它能让消费者短时间内记忆，降低消费者的记忆和选择成本。信息传达简单准确，让消费者看得懂、记得住是关键点。

2.情感共鸣的文案

文案想要跟消费者产生共鸣，就要找到用户在某一个场景里存在的一个痛点、麻烦，然后针对这个痛点表明我们的立场，给消费者提供情感的帮助。比如在文案上可以采用鼓励、支持、批判的手法进行描述，这样才能更好地与消费者产生共鸣。

3.有关联性的文案

有附着力、关联性的文案更能被消费者所感知，可以写与消费者利益相关、认知度较高的事物。举例：柔软性的卖点，可以用附着力的手法，形容为云朵、丝绸、棉花般的柔软舒适，把柔软的感觉转化到一个认知度高的元素上，这样可以让消费者快速地感知到商家所要表达的意思。

第254条：不同阶段的核心能力

很多店铺无法提升竞争力，其实就是卡在核心能力上。结合我做咨询顾问的经验，简单梳理几点供大家参考：

①单店300万到500万提升到1000万的店铺，核心是基础运营，考查几个单品的流量运营能力。

②1000万提升到2000万到3000万的店铺，要求团队效率提升，包括思路清晰、目标导向、有核心团队人员等。

③2000万到3000万到5000万的店铺，注重产品的深挖能力，特别是要吃透1~2个核心品类。

④5000万到1亿的店铺，注意供应链能力。其实竞争策略就两种，综合成本领先策略或者价值差异化策略。大部分都在这个规模，需要回到成本领先的策略。

⑤1亿到10亿以上的店铺，变化能力和品牌营销能力要跟上。尤其是家具有风格变化的问题，在大的趋势下，不是某个品牌能改变的。无论是营销引流还是建立消费者的信任度，强大的营销能力是公司可以保持持续上升的核心因素。

当然这是我们的总结，大家参考，数字也不是绝对的，而且为什么是单店而不是多店看，是因为10万和1000万的店铺、1亿的店铺，假使都是1个亿的生意，能力要求也是完全不同的。就跟10个俯卧撑做10次，和1次做100个俯卧撑，对体力的要求不同一样。

第255条："超级推荐"能带动搜索流量吗

从两个渠道的性质对比来看：

1."超级推荐"是系统基于机器算法，挖掘用户潜在需求，主动展示在消费者面前，从"人找货"到"货找人"的转变，属于推荐型流量。

2.搜索是用户有明确的需求才会去搜索，像我们的关键词和直通车成交都属于搜索流量。

两者有很大的不同，所以无法通过"超级推荐"直接带动搜索流量的增长。

虽然超级推荐无法直接带动我们的搜索流量，但是它对于我们的个性化流量获取是一个很好的工具，我们要好好利用起这个工具。

第256条：电商企业都有哪些会涉及的税种

今天给大家普及一下一个电商企业会涉及哪些税种：

1.增值税

也就是我们平常知道的一般纳税人13%（销进项金额可抵扣，拿到票的情况下税负实际很多比3%还要低），小规模纳税人3%（不可抵扣，今年减按1%执行），有开票就会有税额。当然小规模纳税人还有每个季30万，一年120万的免征额。天猫店铺的主体，申请的时候必须是一般纳税人，运营的时候变成小规模纳税人也是可以的。

2.附加税

有增值税就会有附加税，包括城建税7%（城市）和5%（县城、镇），但大部分都是7%。

3.企业所得税

企业所得税，属于利润税，收入减成本，有利润就会有所得税，软件和高新技术企业15%，其他大部分是25%，因为有很多扣减，综合税负在5%~8%之间。这里特别注意，在淘宝天猫上的公益捐款是可以抵扣所得税的，在做账的时候记得去取得这部分的发票。

以上3种都是企业运营过程中的税，接下来重要的还有：

个人所得税，股东分红需要按照个人股东应得红利的20%缴纳个人所得税。员工发工资记得还要缴纳代缴个人所得税。

以上4种是最核心的税种，至于其他的消费税、资源税、房产税、印花税、城镇土地使用税、土地增值税、车船使用税、船舶吨税、车辆购置税、关税、耕地占用税、契税、烟叶税、环保税属于有些企业有，但大部分企业没有的。比如车船使用税是如果你公司名下有车就会涉及的。

第257条：商品定制的标准是什么？定制产品退货怎么处理

根据平台定制类规则第十条，定制产品是指卖家通过生产加工、裁剪制作等方式，最终向买家交付包含有买家指定个性化需求信息素材（如图案、文字、印记、配件、尺寸等）并区别于标准化、规模化生产的实物商品。这里提炼重点：

1.尺寸和个性化图案、文字等。

2.区别于标准化、规模化生产的。

相信之前很多商家都深有体会，让客户选择页面上的色卡下单，也发送了定制类产品的相关温馨提示给客户了，但退款时小二会以这个定制标准来支持买家退货。

现在家具类目很多产品都是以色卡选择作为定制说明，那如何做，可以尽量减少或者降低退货时产生的损失呢？

1.色卡在询单时发送给客户选择，告诉客户："这款产品默认是一种颜色的，另外这些是可以定制的颜色，您看您想定制哪一种颜色呢？"在对话中多用定制这两个词语，引导客户对定制做出肯定的回应，避免有需要退货时可以作为凭证。

2.客户选择颜色后，发送温馨提示告诉客户定制的一些注意事项，如：生产时间、退换货的一些问题，下单后退款可能会产生费用，等等。注意温馨提示已读不回复实际上不算客户收到的，所以要提醒客户阅读回复。

3.另外很多商家对定制产品由于物流运输而导致损坏的或者有质量问题，问是否支持退货，答案是肯定的。产品有问题非买家责任，即使定制也会支持退货退款，所以有问题，需要及时跟客户沟通处理。

第258条：如何做好大促活动营销策划

"双11"今天终于开始报名了，先提醒一下各位别拖，赶紧去报名，每年都有人因为拖拖拉拉，导致错过报名的！很多人不会做活动，认为活动就是打折，实际上营销策划才是重点，那么活动的营销策划开始准备了吗？想要做好活动的营销策划，来看看有哪些技巧是可以用的：

1.大促时期踩准时间节奏

蓄水期：重点就是转化优化，主要是推新产品，积累销量和人气，预售期的营销攻略。

预售期：预售定金，同时积累收藏加购，强调领取优惠券的时机，以此来锁定潜在客户。

预热期：预热活动，主要是营造"双11"氛围，营销元素的强化，因此要强调提前预订、提前收藏、提前加购抽大奖，每天整出一套秒杀产品，吸引收藏关注，为大促的引爆预热。

大促当天：引导顾客0到2点购物更划算，在页面处展示赠品有限，送完即止，要抢购才能拿到优惠等利益点。咨询量增加时，客服可能无法接架。此时，可以迎合消费者心理，通过优化页面宣传文案减轻售前客服压力。比如"15分钟内付款有效，超时库存不再预留"，然后在消费者不受理性控制的时期，实时公布销售数据，给消费者紧张感。

2.营销活动的方式

店铺活动的营销策略及优惠力度：用0.1元定金抵用券（1元、10元或者产品的1%）来锁定客户；设置限时优惠券，引导顾客抢满减优惠券（比如满500元减100元）；限定名额，制造紧张感，如活动前3名付款赠送×××元大礼包等。

第259条：无回复的意向客户怎么跟进

客服在做跟进的时候，客户不回复的情况大致分为以下两种：

1.你说了产品的卖点和亮点后，客户不回复了。

2.产品了解完，客户也同意马上下单了，但迟迟不付款。

那我们怎么解决呢？

核心是：要让对方脑海里产生一种解决问题的场景和收益假设。那么，如何建立场景呢？

1.从客户现有问题出发，重复引用问题，再次提问。

2.参考案例营造，比如其他客户晒的案例。

假设客户询单的产品是一款儿童床，首先要问客户问题，了解其基本信息，产生有温度的对话内容。比如询问其家庭成员、使用这款产品的年龄、平时的生活习惯等，然后根据得到的信息再匹配相应的方案。其次，了解客户现有的问题，他最关注的是什么，根据客户关注的问题找到产品相应的亮点，并放大亮点。同时，聊天中要了解客户的痛点，再找到对应客户痛点的解决方案。再把其他客户的买家秀或好评发送给他，让对方参照，营造出问题已经得到解决的氛围。

第260条：供应链管理的目标是什么

供应链管理目标是：交期稳定，质量有保障，价格最低，结果则很难保障。

其实供应链前端设计才是方向，很大程度上它能保证价格低、原材料采购价低及设计产品材料利用率高等结果。

1.集采是原材料价格低的根本原因，这样产品才会在价格上面有较大的竞争优势。

2.有了价格优势，不一定能成为爆品，品牌因素与产品设计是否触及用户的痛点，这些因素齐全才会形成爆品。有了爆品才会放大品牌，品牌又促进爆品。

3.产品大卖，供应商对此产品多次生产后已经轻车驾熟，员工也知道怎么做会避免产品缺陷。这些最终就反映到产品上，交期稳定了，质量也有了保障。

开发新产品，前期总是在做大量看不到结果的工作。一个产品在打样阶段，要反复地修改设计缺陷。在实际生产中还要考虑是不是能够形成大规模量产，所以产品在前端设计阶段不妨多考虑如何做极致产品。

第261条：手淘变化和对后续店铺经营的5个影响

这两年手淘的改版越来越晚了，前几年是2、3月份做规划，4、5月份做产品，6月份小规模测试，7、8月份全面上线，"双11"检测成效。但这两年，阿里越来越进入"无人区"，没有学习对象，得靠自己摸索，得在人货场的匹配效率上做文章，系统越来越智能化。

今年透露出来的变化和对应的影响，主要有这么5个方面：

1.手淘首页顶部的钻展广告位取消了

钻展的终结，预示后面不太可能会有更好地推广位置了。如果店铺有钻展的岗位，赶紧让学习"超级推荐"。

2.活动频道入口越来越精简

比如内容渠道就只剩下有好货和直播。有效的渠道减少，实际上对头部商家来说有优势，对腰部以下商家来说是减少了机会。

3.大面积的"猜你喜欢"，系统匹配人和货的需求对接

一方面对产品的差异化越来越有利，另一方面对搜索流量也是进一步的切割。越不透明的系统对于平台，流量价值变现或者说收更多广告费是有利的。对推广来说，会越来越侧重"超级推荐"，因此推广岗位一定要多把"超级推荐"熟悉。

4.详情页视频化，更适合手机端的体验感

详情页要求太高，一直是制约平台获取更多新商家的难题。加上这两年抖音的席卷，它对国内电商的探索，对淘宝来说是巨大挑战。如何让淘宝更容易介绍产品（入门）和用户交互更好，短视频是目前可行的方式。所以在详情页和主图合一方面，视频化是阿里选的一个探索路径。对于团队来说，影响最大的其实是设计或者美工方面，建议未雨绸缪，去学习下短视频的拍摄和制作技能。

5.搜索更场景化

尤其在家装相关行业，躺平一年了还稳定地挂在上面，说明从平

台角度来说数据还可以，也说明其改变的决心。未来短视频透出会更加有可能，而且入门门槛更低，所以多研究消费者的使用场景，围绕场景去组织货品，是当务之急。

总之从平台角度来看，是希望有更低的入门门槛，更高的匹配效率，和更好的用户体验。变化总是代表机遇，先看先学，再躬身入局，总结迭代，我认为是可以有的态度。

第262条：资本市场离我们有多远

资本市场离我们很远吗？结合我的经历和了解，梳理如下：

1.什么时候上市

资本市场看中的是高增长性，而不是最大的规模，特别是纳斯达克为代表的创业板市场。当年我工作的第一家公司，全国才200家门店，但市值依然达到10亿～20亿美元。

2.为什么电商企业都去创业板

国内的资本市场，最火的是科创板，蚂蚁金服就是要在科创板和港股同步上市。而创业板是最近几家电商相关的企业。因为从今年开始，创业板从审核制到注册制改革了，也就是说以前是证监会审核说了算，现在是只要投资者认，你就可以去上市。

3.上市对企业有什么好处

首先企业会有更高的曝光度和信任度，其次企业有机会获得更多的包括资金和政策的支持，最后在资本化的过程中，核心员工和创始人的财富变现机会增加，对优秀人才的吸引力更高（特别是股权激励就非常有用了）。所以如果有兴趣想了解的，特别是对未来增长预期稳定的，可以考虑，难度并不大。

4.上市有什么坏处呢

首先是要合规的成本，包括税务、社保、融资成本和财务成本。其次是信息公开透明，对竞争来说是有压力的，因为很多信息需要公开。最后是市场预期给公司带来的压力，比如业绩压力。

说这么多，总之大家可以根据企业自身情况去选择。

第263条："双11"报名提醒及新增重点活动方式和注意事项

1.商家报名时间：截至2020年09月24日23:59:59。再说一下，记得去检查一下，一定有人拖拖拉拉，最后忘记报名了，每年都有，年复一年。

2.商品报名时间：从9月27日开始。特别需要注意的是，同一商家的同一商品无法同时报名第一波现货商品和第二波预售商品，请商家合理进行商品报名安排。

3.预售需要注意的点：

（1）已支付定金的预售商品加入购物车后即视为普通商品，尾款支持与其他活动商品（含预售）合并支付结算，且支持使用店铺满减满折、优惠券、跨店满减、品类购物券等优惠工具。

（2）优惠券使用优先级：店铺满减满折、优惠券、跨店满减、品类购物券，一个原则就是先店铺后平台，先小范围后大范围。

（3）定金膨胀按照尾款支付的优惠计算，比如一个商品报名价格是3000元，定金100元膨胀300元，即为2800元来计算优惠。

4.新增重点活动方式：

（1）笔笔返红包方式是本次"双11"平台重点组织、面向下沉市场消费者的创新玩法，能帮助品牌进行下沉市场拉新转化。"双11"现货报名阶段开放该方式的报名入口，参与"双11"活动的商家可自主报名，参与活动的商品将获得该方式全链路的个性化资源。

（2）活动商品可同时参加同期的聚划算和抢购，价格和淘抢购聚划算必须一致，否则聚划算或者淘抢购系统自动取消，修改价格后再次发布才可以。

（3）百亿补贴不计入最低标价和价格力的范畴，有参加的商家不用担心。

第264条：产品市场战略怎么做

竞争中经常认为对方难有出路的原因是：产品太差。包括很多线下企业老板看电商也觉得电商上产品级别太低，质量太差，所以没有未来。

战略上认为产品为王的这种思想依然是主流，做好产品在今天是企业的基本要求，但不是最好的要求。是不是做好产品企业就可以成功？这些年周边倒闭的企业，其倒闭的原因往往和产品无关，甚至是产品很好的但依然倒闭！

你的产品很好，消费者就一定会买吗？这是典型的内部思考，认为"产品好当然卖得好"，但消费者不这么认为，消费者不是专家，决定成交的不是你的质量而是消费者对你的认知和可信任度！

今天消费者随便搜索一个词就出来几百上千产品，能排在前面的产品都不差，消费者凭什么选择你？就是因为你的产品好？你所拥有的可能竞争对手也全部拥有，你的优势在哪里呢？所以你要活下来让消费者选择你不是卖得更好，而是要卖出不同！通过不同去区隔竞争对手，和打败竞争对手！

只是一味地做好产品却没有突出不同，各部门是分力，企业无法实现合力，也就是说个体是勤奋的，但整体是低效的！但如果你突出产品的差异化，那么企业的设计、包装、形象、传播，市场、服务、组织及生产等都可以围绕差异化来展开，这时企业所有的运营方向是一致的，而且放大了差异化突出了不同点，消费者更容易选择你！

究竟什么是战略？竞争战略之父迈克尔·波特说道："战略就是去创建一个价值独特的定位。"而定位之父特劳特进一步指出："战略就是在顾客心智中建立差异化定位，并来引领企业内部的运营。"

战略首先应该就是先找到一个差异化定位，确认坐标，然后去配置企业资源，确保企业所有的运营活动围绕这个定位而展开，保持运营方向的一致性和持续性！记住：与其更好，不如不同！

第265条：不同产品一个推广计划会有影响吗

店铺有很多不同类目产品，用"超级推荐"推广的时候把不同类目的产品一起投放，效果会不会有影响？

其实这取决于：

1.得理解"超级推荐"是系统根据店铺或产品的标签去匹配正确的商品池，属于推荐类型的流量来源，重点在于标签的匹配。

2.不同品类的产品类目和产品标签不一致，放在一起会导致系统不知道该如何给你匹配正确的流量池。

3.建议不同类目的产品，分开计划单独投放。

所以，在建计划时，可以把同品类的商品放在一个计划里，但不同的商品不要放在一个计划里。同时主推款建议直接一个单品建一个计划投放，不要和其他产品放一块。

第266条：售前客服一定不能碰的高压线

有些基本的常识，发现时间长了还是容易被忽略，今天梳理一下售前客服的高压线：

1.违背承诺

未按约定的发货时间发货，万一有问题一定要跟客户商量。

买家付款后，商家拒绝给予在交易过程中答应给买家的个别优惠或赠品。

承诺退换货、包维修。

严重性：违背承诺是一般性违规，一般违规扣分也会影响店铺的运营活动。

2.发票问题

不能和买家说不提供发票，不过普票、专票都可以。但淘宝个人店铺可以不开，需要的话，可以去税务局代开。

不能在旺旺上让买家承担税点金额或发票邮寄费用。

不能以收据替代发票。

3.交易问题

只能在平台上交易，不能线下私自交易。

平台交易范围：使用旺旺聊天导致成交的交易或静默下单。

线下交易范围：除天猫以外聊天工具导致成交的交易，如QQ、手机、微信等。

4.付款方式

只接受支付宝支付，旺旺上不要接受银行转账，有问题电话沟通。

严重性：买家主动提出以支付宝以外的汇款工具付款的，店铺扣6分，诱导买家提出以支付宝以外的汇款工具支付的，扣12分。

5.泄露他人信息

客户让客服提供另一个旺旺号购买的产品的地址和电话的，一律拒绝。商家不能以任何形式透露买家的信息。

6.关闭订单

买家说拍错了，让客服帮忙关闭交易的，一律拒绝，引导客户自行关闭订单即可。

严重性：公司所有客服都不能关闭客户订单，没有买家允许主动关闭交易的扣6分。

第267条：如何高效运算运营损益及解决

相信很多人都能很快地运算店铺的运营损益，如以下公式："损益的快速运算：流量×转化率×客单价=销售额，销售额−运营成本−各种推广成本−扣点=利润"。

现在问题来了，如果利润出现负数时我们能做些什么事情，实现负数的数字降低或转亏为盈？

1.提升免费流量

这和团队的运营专业度有关，核心是提升图片的点击率（多做测试），让流量的获取变得更加容易。免费流量规模大的竞品是可以参考的。另外提升系统对产品的词根权重，选对容易获取流量的关键词。

2.提高转化率

这里分两部分，提升视觉表达的询单率和加购收藏率，提升客服的询单转化率（短时间内较难实现）。

3.提升客单价

提升客单价不是单纯的提升价格，我们可以用SKU进行产品的属性布局，实现UV价值的提升。通过低客单的SKU引流获取高客单SKU的转化来实现，或提升产品的关联性。

4.推广的无效渠道删减

当推广处于高加购成本、低ROI，同时在钱不够花的情况下，直接过滤加购成本高或者ROI低的渠道。

电商运营出现亏损，基本上是因为真实的转化金额过低，或者出现运营成本过高的状况。我们可以通过以上4种方式在短时间内实现亏损降低。

第268条：用什么机制留下优秀和淘汰平庸

在我开始创业之前，经历过3家公司，都是抓住机会，舍命狂奔，最终有所成。一个公司能成，可能有天时地利人和等多种因素，当然这里面也关乎如何激励团队，管理人才等必不可少的命题，总结几点我认为有效的方法或实践：

1.招人一定要看基础条件。过往的教育和工作经历很重要，可以看出一个人的潜力。

2."271排名"是必须要的事情。我们现在是每个季度排名，在公司内部必须排出20%优秀，70%中等，10%平庸。对于优秀的建立，涨薪或者发奖金都行，但同时一定也要挑选出相对平庸的，否则一个公司很难持续进步和发展，毕竟人才是基础，团队的短板也是由最差的人决定的。

3.奖励优秀的人和淘汰平庸的人必须同时进行。如上一条所言，不管业绩好不好，都建议同时干。业绩不好的时候也要奖励相对优秀的，业绩好的时候也一样要淘汰平庸的。千万别吃大锅饭、平均饭，要让每个人都有动力或危机感。

4.盯住目标，不要怕动荡和变动。做咨询顾问项目的时候，我会去协助老板评估员工的能力水平，对于能力不合适的"重要岗位"的员工，经常有老板下不了调整的决心，最后的结果就是拖延了时机，少则1个月，多则半年甚至更长。我能理解很多时候就是怕变动了，导致团队动荡，但其实是只要围绕目标来做，目标清晰，节奏控制好，你一定要相信离开谁你都能做。否则，那真的是老板给员工打工了。

5.树立长期的做事规则和制度。这其实是用什么机制留下优秀和淘汰平庸的人的核心解决方案，就是建一套大家认可的规则和制度，比如我们是3个月一次考核，根据考核指标和数据，工资可升可降，入职就沟通好，每个季度相当于一次从零开始的比赛。优秀的不努力也会掉队，平庸的努力也能优秀。

总之，优秀的团队是优胜劣汰拼出来的，平庸的团队是赏罚不分明"哄"出来的，犹如店铺的业绩是一样的。

第269条：新版手淘"猜你喜欢"如何获得更多的流量

手机淘宝的新版本发布有一段时间了，根据过往的经验，大概两周左右（10月中旬）80%的用户会完成更新，很多人最关注的是钻展位置取消，变成了下面的大商品位，实际对单店来说，除非你以前的钻展流量很大，否则真的没什么影响。

真正影响大的是"猜你喜欢"的流量规则变化，从手淘首页点击直接进入详情页，到点击之后增加了微详情的中间页面，这里可以直接加购和下单购买，只有很小的位置显示"去详情"。这个调整就导致如何获得微详情的流量就尤为重要了，而且微详情主要以视频为主，因此建议大家重点做微详情对应的视频。

那么如何设置微详情呢？

1.入口："旺铺后台→店铺装修→详情装修→设置视频（新）"，注意不是主图视频入口，也不是你传了主图视频就可以，重新在新的入口传一遍。

2.微详情视频要求：

视频尺寸：3∶4。

分辨率：900×1600像素以上。

大小：20M-200M，同时要确保无线端非Wi-Fi状态下（就是走流量4G或5G）打开是清晰的。

时长：5～60秒，最佳是在15～30秒。

3."双11"前建议每个主推和次推的产品都要设置好微视频，这是获取新版整个"猜你喜欢"流量的基础。

第270条：店铺如何一键设置促销水印

对于用户来说，说国庆节促销，比说家装节促销来得更加有体感。这么多活动，如何一键设置促销水印来营造氛围呢？方法如下：

入口："鹿班→商品主图→主图打标→选择'活动水印'"。

设置：

1.选择投放时间为想要设置的活动时间，比如国庆期间10月1日0点到10月8日23点59分59秒。

2.填写好需要对外透出的活动文案并添加要加促销水印的商品。

3.选择折扣，然后合成图片，进行投放。

第271条：什么才是决定一场活动结果的核心因素

今年活动一场接一场，真正实现了"活动日常化"，但从店铺的角度来看，其实这么多活动对运营上的改变和压力是很大的。那么什么才是决定一场活动结果的核心因素呢？我觉得这5个方面缺一不可：

1.产品吸引力。这个估计大家都知道，但对活动来说，核心的产品的需求度，个人认为反而不如刚需的产品容易促销。家具大件除非处在做决定的阶段，不然很难刺激消费，所以前期的种草和拉新非常重要。

2.运营节奏。特别是活动的设置，前N件优惠为什么对于冲排名的店铺来说很重要，核心就在于能够集中时间快速下单。对于"双11"来说，预售报什么，现货报什么，直接决定了活动的成败。

3.是否真的优惠。这个不用讲了，日常买需1000元，活动买需999元，那消费者是不会有购买欲的。所以凡是没有真优惠的，肯定是搞不好的。

4.日销和活动的错开。日销和活动无论从活动的获取方式，优惠政策来看，本身就是冲突的，做日销的基本上利润都很低，也就很难做活动价格，所以进入死循环。活动商品要单独去设计，比如批量快速下单能够提高效率，降低成本，进而给到消费者优惠的价格。

5.营销策划案。这里的核心是吸引观众眼球的能力。对于每家店铺来说，10月份的种草能力，决定了"双11"的结果。但种草需要能够吸引眼球的策划，如此才能吸引顾客。

第272条：客服催付提高转化率的三大招

国庆假期期间，你的店铺有没有拍下不付款的客户？估计很多店铺都有！在整个由催付而产生的下单转化率中，行业优秀的店铺能达到百分之九十二，常见的为百分之八十，比较低的也能做到百分之六十。看看你的店铺是处在哪个区间。

常见未付款的5大原因：

1.支付问题

2.忘记密码

3.货比三家

4.议价不成功

5.拍下不能完成满足需求

在和客户沟通的过程中，要了解对方是因为什么原因导致迟迟未付款，再针对对方遇到的问题提出解决方法。

沟通方式上应遵循下面三大招：

1.从客户角度出发引出客户聊天兴趣

2.答疑解惑

3.利用赠品或活动优惠或发货时效建立紧迫感和稀缺感

催付方式可以选择旺旺催付和短信催付，给客户制造利益点和紧张感，如折扣仅限前×名或只有××时间前付款，才可以享受这个优惠等，也可以利用发货优先权来引导客户，拍下即刻付款等。

催付的作用不可忽视，这也是提高转化率的一种方式，建议让客服重视起来，特别是"双11"快要到了，利用好催付，争取业绩得到突破。

第273条：短视频保护用什么，处罚力度如何

随着手淘的改版，短视频的重要性不言而喻，特别是在点进"猜你喜欢"后，微详情很多都切到了短视频，所以很多店铺都花重金去拍短视频了。

那么现在问题来了，图片保护用原图，3D保护用著作权，设计和结构保护用专利，短视频保护用什么？很多人可能还不知道如何保护自己的原创短视频，避免在淘系被盗用。

其实方法很简单，用阿里巴巴原创保护！

1.操作步骤：进入阿里巴巴原创保护平台"（yc.alibaba.com）→短视频保护方案→我是商家→签约短视频保护→短视频认证里短视频管理"，里面能看到你上传的短视频有没有通过审核。记得一定要勾选自动启动监控。

2.保护效果：通过了审核，自动监控了，5分钟左右就能发现是否有短视频盗用了你的视频。一旦发现，自动下架，不给对方拖延的机会，这效果是非常好的。

第274条："双11"知识产权避坑指南

每年"双11"大促活动前是各类知识产权投诉的高峰期，对手就想利用这个时间扳倒你，让你蒙受损失。所以大家一定要提高警惕！这里总结5个最容易在大促时被忽略也是最容易被投诉的坑，提前检查好。

1.边边角角的素材图、国外图片未授权没剔除，导致预热期间被下架。

建议：美工全面检查页面素材。

2.高销量抄款产品未备份，备用链接，申诉材料准备。SD的也要做备用链接。

建议：做备用链接，做备用申诉材料。

3.没有质检报告，导致被下架。高销量的产品一定要去做质检报告，没有质检报告非常容易出现问题，对平台来说，商家应该是要持证卖货的。遇到职业投诉，没有质检报告就很有可能被下架。

建议：提前做好质检报告。

4.文案禁用词或违反广告法的极限词导致处罚。

建议：逐个页面检查。

5.标题品牌词侵权导致下架，特别是宜家。有专门的人在投诉。

建议：逐个链接检查。

第275条：商品详情页"问大家"模块有不好的问答，该怎么处理

在经营店铺过程中，经常会遇到主推商品"问大家"有不好的问答，这时候我们该怎么处理呢？

1.如果买家提出的问题或回答中有出现敏感词或广告信息，可以找到对应问题，点击"我要申诉"或者右上角三个小点选择举报，提交证明可以申诉删除。

2.让客服寻找优质问题和回答，找到后，需要用较多的回复和点赞互动，提升该问题的权重值，帮助快速置顶问题。

现在很多的消费者都喜欢看"问大家"，而不是评价晒图，所以"问大家"对于商品的转化率是影响非常大的，日常经营中一定要多关注多维护。对于主推产品，"双11"前一定要做一些有利于成交的提问引导。

第276条：短视频创意型脚本策划

"双11"短视频会有不少的透出渠道，也是增加流量的主要手段之一，目前电商有三种主流类型：商品型、内容型和创意型，今天来讲讲怎么做好创意型的脚本策划，但非咖位以上的商家不建议用。

区别传统广告类型的内容，以创意类、脑洞类、暖心类、剧情故事类、反转类内容为主，包括以下三种：

1.有效观看播放时长，创意型内容可以有效帮助品牌和产品提升黏性，特别是反转型。举例：策划一张床的视频，卖点是升降的情况下，方便打扫或者放东西。一个漂亮的女孩想利用床底部放东西，可她又没有力气搬床，她打电话让家政公司请一个阿姨过来，挑选了很多个后均不满意，最后家政公司换了一个男生过来，女孩非常满意，让男生进房间，男生非常主动地打扫卫生表现自己，结果女孩让他到床旁边，男生忐忑地过去了，女孩突然很凶地让他起来搬床，因为她需要把床搬起来清理底部的灰尘才能安心地把物品放进去。（这是反转类型的策划，它需要时间承接，有一个打扫的过程，不要一下子跳到商品的宣传。）然后再到产品的卖点上，轻松举起，不用担心灰尘进入等。

这就是一种策划的手法，有创意，有反转，消费者会带着探索和好奇的心情看下去，可以有效提升观看时长，大概率得到官方推荐，获取更多的流量。而且也是很多消费者的痛点，这时候种草买单的概率更高。

2.利用工具帮助策划，巧妙地用上视频工具。比如抖音、火山视频等自带的特效帮助完成拍摄，可以搞笑，让视频更具有视觉冲击力，这样做能有效提高黏性。

3.利用动画类型，动画创意类转化率是传统广告的10倍。很多人会问动画需要怎么策划，讲一个最简单的：一个人买了一套房子，他是一个偏执的人，买东西时多数只认定一个品牌，这时候他需要装修，但是他左挑右挑，看来看去没有一个品牌的东西是完美的，让他可以只在一个品牌店购买。这时候可以展现有一个女孩和他一样，两个人同时挑中了你家的品牌，而且只有一张，这时候很犯难，两个人都对彼此有好感，但是又不想放弃喜欢的东西，中间这里做一些剧情引导，让他们变成了情侣，可以一起用喜欢的。这样的剧情会让部分消费者非常受用，这就是动画创意类的魔力。

策划一定要脑洞大开，要让看的人有共鸣，才能种菜到消费。这里要注意的是有时效的内容不包含之内，比如专门为"双11"拍摄的利益点的广告，仅能在"双11"才会有效。所以如果内容团队不强大的情况下，一定要避开时效性的内容。

第277条：搜索结果里标题下的卖点怎么设置

"双11"是考验每一个店铺运营功底的时候，很多小细节经常别人玩出花样，比如刚搜索沙发，出现某款产品，除了主标题，还有一行商品卖点：官方抽检、5年不塌陷、欧盟环保，很多人以为是系统抓取的数据，实际是自己设置的商品卖点。

那么怎么设置呢？步骤如下：

1. "店铺后台→商品管理→商家素材中心→找到要设置的商品→选择商品素材上传→上传4张图片（白底、场景、长图、透明图）→投放文案管理"。

2. 在投放文案管理中输入6到12个字的商品卖点，记住可以设置两行，系统会随意抓取显示。

第278条：手淘客服聊天框上的促销菜单如何设置

今天继续分享小技巧，有人问，手淘和客服聊天的时候，聊天输入框上面的促销菜单是如何设置的呢？

1.入口："千牛搜搜→互动服务窗→点击'启用自助菜单'"，保存并发布，这个时候像"服务评价"这样的系统默认就会出现在聊天框上面了。

2.增加：如果想自己设置和增加菜单，则点击大大的"+"加号→自定义链接→菜单名称中输入想要呈现的内容，比如"线下门店"，然后在链接地址填写上线下门店页面的链接，保存发布就可以。

推荐大家都去设置一下，尤其是现在可以设置比如保价"双11"、领取优惠券、设计师免费设计等适合自己店铺的促销引导内容。

第279条："双11"到底打几折

每年到"双11"前，不管是商家还是消费者，对于"双11"到底打几折，其实都是迷糊的，今天我就从已知的规则，来跟大家梳理一下，以及到底如何设置价格：

1.折扣：首先是标价（注意不是以前最低价）的9折，然后必须参加的跨店满减300减40，再然后是品类券1500xn−150xn（最新消息是说要来一个满300减30），以上这些0.9乘以260或300乘以0.9等于7折。再加上秒杀、花呗分期、前N件优惠（至少优惠7%），甚至是客服逼单券，妥妥的6.8折以上。

2.最高价格：价格都是设置出来的，假如你要最后成交1000元的商品，那么正确的标价应该是：X=1000除以0.68=1470，如果还考虑各种券的话，那就按照1500算吧，所以你成交价格乘以1.5倍，应该就是上限了。

3.最低价格：如果不报品类券，那么折扣是：0.9乘以260除以300等于7.8折，1000元商品，倒推的正确标价就是X=1000除以0.78=1282，所以你成交价格乘以1.28倍，应该就是下限了。

4.调价方式：知道正确的价格应该是最终实际成交价的1.28～1.5倍之间，那么已有价格怎么调整呢？

目前推荐的是：换SKU，具体操作方法可在红电知识库里查看。

第280条：如何突破店铺销量瓶颈

店铺每年的销量都很平稳，平稳到没有增长，问大家怎么办？

我的建议是：

1.从公式："销售额=流量×转化率×客单价"。正常情况下，转化率和客单价短期内都很难提升，流量还可能有机会，虽然也很难。

2.流量的提升靠运营手段只能优化，很难有彻底改变，所以扩展流量，核心还是要从产品品类和数量做起，所以扩品类是短期内最有效的手段。

3.如果要短期内提升转化率，核心是要做购买理由的优化。长期来看是要去做团队能力的训练，去解决转化率和客单价提升的问题。

当然基础的推广等运营不是不要去做，而是要改变根本格局，靠技术是很难解决的，流量的终极还是产品的布局，毕竟产品带流量，才会有销售。

第281条：微详情视频权限如何开通

新版手淘现在已经切了差不多50%的用户了，预计在"双11"预售之前会有超过80%～90%的用户切换到新版，新版"猜你喜欢"最大的变化就是点进去不直接到详情页，而是到微详情了。所以要想手淘首页或"猜你喜欢"的流量上涨，就必须开通微详情。那么有很多店铺表示自己产品没有被开通权限，如何开通呢？

视频上传权限是系统自动邀请开通的，争取尽快开通只需要做好以下两件事：

1.一定要设置主图视频，而且必须单独拍摄介绍产品的视频，不能是其他的包括图片合成的视频，这是基础条件。

2.通过阿里创作中心发一个短视频，同步到微淘显示，连续操作，基本上3～7天，权限就会被开通。

强烈建议：这个月把每个"双11"要推的产品都要做上微详情，主推产品要单独为"双11"定制拍摄短视频。

第282条：到底应该如何才能合法合理地避税

如何才能真的合法合理地避税呢？

1.业务法律结构调整

比如天猫绑定的公司，从销售主体，法律结构上就变成服务主体，一般纳税人销售性质是13%的票，服务性质是6%的票。增加分公司，开票主体从总公司，变成分公司，1000万的票就可以变成2个500万，或者3个333万。但对应的必须法律和合同上做调整。还有通过代收和对用的拆分方式，将主体公司的规模拆小，从一般纳税人变成小规模纳税人，在采购票不足的情况下，增值税就可以少很多。

2.利用好税收优惠政策

之前见过利用小规模30万等优惠政策。其实最好用的还是利用好查账征收和核定征收的不同处理方式，核定征收的税率低很多，但现在绝大部分地方都不给这个政策了（申请都申请不到），因此找到能做核定征收的税优地，拿到核定征收的优惠政策。

3.切记一定不要虚开和买卖发票

金税三期（大家可以理解为阿里的稽查系统）上线后，税务稽查靠系统和举报两种方式引发，系统排查这块核心就是三种方式：

①税负比例是否合理，比如同类型企业交5%，你一分钱不交，肯定叫你去税局解释。

②每年汇算清缴后的排查对比，发现异常，比如阿里明明给你开1000万发票，你自己申报支出500万，差异500万那么大，肯定有问题。也容易引起直接上门稽查，直接就把你账本收走，电脑带走的情况都发生过。

③你的上下游企业因为虚假发票被定性了，然后税局会以它为中心，上下游查5层交易企业，你的公司中招了，这个原因被引起稽查，有很多。所以一定不要开虚假发票。

税务筹划是个非常需要专业和比较复杂的事情，特别是要先设置好企业的法律结构和业务流程，然后还需要各地拿到优惠政策才能落地。后续账务处理也是烦琐得很。

第283条：怎么看客服询单转化率的差异是不是正常

在上周"双11"培训课程中，大家反馈售前客服转化是个头疼的问题。大件家具下单100%要询单，必须由客服进行转化。客服接单功力，直接影响成交额。

A店铺老板诉苦：全店10多个客服，询单转化最高的能有35%，询单转化最低的只有18%，都是精准流量，就这样流失了。

B店铺老板诉苦：我们店9个客服，询单转化只有15%，没有超过20%的，也不知道怎么能让客服的积极性高起来。

询单转化率的高低是属于店铺可控的变量。一个店铺内，同样的产品，询单转化率差异在10%左右肯定有提升空间。那怎么看差异正不正常？

1.看态度

要评估询单转化率极低的客服，是否认真投入，是否尽职尽责，是否想提升转化能力。如果本身没有意愿也不想做好转化率，心态出了问题，要早换人。一个本身不想做好的人，是教不好的。

2.看学习力

现在虽然做得不好，但会主动学习，比如喜欢提问、向转化高的同事请教、去其他好的店铺学习经验、看销售相关的书。如果学习意愿强，接单技能是可以短期强化培养出来的。

3.给予辅导

对于想做好，想提升的客服，老板要创造学习环境，帮助他找到正确高效的学习方式，如果学习方法不对，教的老师不够专业，学习效果肯定不会好。根据行业经验，在正确的学习方式下，2～3个月完全可以教出一个专业的客服。客服是大件家具销售的支付节点，店铺一天能收多少钱，全靠客服最后的跟进。试着算一下，如果11月你店铺的客服询单率能提升1%。那将是多少的收入？对于运营负责人来说，你好不容易弄进店铺的流量，如果客服接不住，势必恶性循环。所以，客服的培训提升，务必重视。

第284条：如何让客户顺利添加微信并日常通过微信触达

今年消费者的购买决策会更加谨慎，消费超理性，大件家具决策周期需要拉长到1～3个月，除了通过旺旺触达外，我们还可以想办法添加客户微信，在微信不定期触发，这样只要客户想买家具的时候，就会想到你，增加成交概率。对已经成交的客户也可以通过微信触达增加转介绍机会。如何让客户不反感顺利加到微信呢？

1.针对未成交客户这样说：您可以添加一下某某的微信，新品上线会有尝鲜价，偶尔还会有比天猫更优惠的额外让利。您可以放心，朋友圈有非常多的产品实拍和细节图，加微信除非您主动找某某，某某是不会骚扰您的，请放心。

2.针对成交的客户这样说：为了确保您收货顺利，更好为您服务。某某添加下您的微信，您的产品问题和使用问题都可以通过微信反馈。

添加后，即可以通过日常微信朋友圈持续触达，纵向提高客服询单量。当然，朋友圈不要经常发广告，主要发家具的产品嗮图、细节图、保养注意事项等，避免客户屏蔽。这样的话，他有购买需求时就会想到你，找你咨询，能增加成交机会。

第285条："双11"视觉筹划与流程建议

"双11"大促来临之际，店铺视觉已经开始规划了吗？关于"双11"视觉节奏的把控，"双11"视觉工作做得好不好，有3个方面是务必要抓好的。

1.视觉和运营及策划节奏的配合

店铺运营及策划会依据大促活动节奏，排出蓄水期、造势期、预售期、爆发期几个时间节奏，视觉就需要配合运营依次做好每个时期的设计推进工作。

2.视觉和官方活动节点节奏的配合

视觉需要根据大促的时间节点安排工作，在蓄水期做好店铺新品上架、主推款的优化工作。

造势期做好直通车、钻展、"超级推荐"、承接页、专题页的设计。

预售期做好所有页面的二次优化，主图打标、1元特权、定金膨胀、秒杀活动的设计。

爆发期提前安排好首页、主图打标、详情关联页的更换，各类入口图的替换工作。

3.店铺依据节奏制定出来的视觉工作进度安排配合。

完成相关的页面和图片制作，并且要提前准备，提前测试。为了更好地完成视觉工作，建议店铺提前制定出大促设计推进表格，根据工作内容完成工作安排，视觉要把相关的工作任务进度清单列出来，方便及时推进。

第286条：短视频知识型脚本策划

短视频的重要性大家应该知道呢，除了做介绍产品型的短视频，还可以做知识型的短视频，一种是通过增强用户的信任度进行引流，一种是专业解决客户问题的视频。那么，今天就来详细说说知识型脚本策划思路：

1.教程型（专业知识型）

策划方向：解决什么问题，教授什么知识，怎么正确使用产品；在哪个具体场景下应用；针对的目标人群是谁，有哪些特征和偏好。

内容方向：分步骤，教学的视频要分好步骤，第一步是什么，第二步是什么；有演示，安装部分需要仔细阐述、操作步骤、注意事项；给结论，强调重点效果的总结。

教程型脚本策划最重要的核心要素：①内容必须实用。画面清晰光线明亮，布局不要凌乱。②教学过程如果是有人演示的，需要同声解说字幕。③节奏要轻快些，不要有过多没有意义的镜头。④在解说过程中，展现和市面上不同的技巧和观点。

2.百科型（人设作为生活百科解决专家）

策划方向：用户日常使用家具时出现的问题点有哪些，经常碰到的场景展现，给出简单的物件或液体解决问题。比如桌角经常容易撞到出血，可以利用桌角硅胶套或者胶带捆绑解决

内容方向：分步骤讲解，对需要做的步骤展示到位，强调重点效果的总结。

3.评测型（家具体验师）

策划方向：为什么要评测？首先要清楚评测并不是说对比同行自己的产品比较好，而是公正对比出产品某些维度的优劣性。评测出哪些维度是消费者想要知道的；评测要有结论，褒贬真实让消费者建立信任感。也让手机屏幕前体验不了的消费者知道产品的优势和劣势。

如果是自己店铺的，可以用自己的各种产品去对比。

内容方向：分步骤讲解对比，有亲自演示这个体验的过程或者操作的过程，给结论的时候，强调重点效果（好的部分）结论。

以上是家具适用的几种知识型的脚本策划步骤，尽量创新，去吸引观众眼球，不要一成不变地用老电商的思维运营店铺，尽快跟上3.0内容电商的脚步。

第287条：如何设计吸引意向客户的微淘清单标题

微淘的清单标题具备着确定整体集合性质和吸引意向人群的作用。

清单标题的大致分类如下：

1.人群主题

2.产品优势主题

3.热点主题

4.创意主题

5.使用场景主题

创意主题场景可以这样写——快速提升幸福感，以下产品请安排。

使用场景可参考——间接光源用得好，卧室高级又好眠。

总结：不要忽视清单标题，先确定标题再进行后续文案创作，不要"标题党"，要与产品本质深度契合。

第288条：公转私怎么样才合法和安全

正常情况下，合法的公转私包括以下5种情况：

1.发工资，记得交个人所得税、还要和社保、公积金金额的基数对上。

2.提取备用金，然后后续用票冲抵，作为费用支出。

3.偿还个人借款，你（股东）借钱给你的公司，到期公司要还钱了。

4.股息分红，盈利了给股东分红，但是要交个人所得税。

5.股东借款，但是年底（12月31日）必须还回去，否则视同分红，要交个税。

如果一定要公转私，如何低成本的规避某些问题，目前只有一个方式。就是去税收的优惠地，成立一个个体户，是可以个人银行卡收款的，然后从对公账户转账的银行卡核定征收的情况下，开票，不超过2%的税负，同时去企业取得票据，还减少了企业所得税的金额。

第289条：预售阶段的操作建议

还有一个多小时，2020年的"双11"预售就登场了，预售和现货的消费心理是不同的，我给大家的建议是5点：

1.强调便宜

一定要强调比现货、比"双11"当天更便宜，正常情况下，比"双11"当天还优惠5%～10%的折扣，才会有明显的差异，即金额至少要超过200元。

2.预售金额

预售阶段的核心排序规则是围绕预售金额来的，因此一切围绕怎么提高预售金额来做。

3.退款补单

预售定金是不退的，但是客户付完尾款是可以全额退款的。

4.确认订单

预售要确定客户的全部需求，颜色、尺寸、左右向、送货安装、发货时间等，11月1日或者11月11日就只是来付个尾款。

5.付款时间

今年两次现货活动时间，因此提前锁定的用户，包括预售和有优惠券锁定的客户，要提醒客户1到3日和11日都可以付款。

第290条："双11"价格设置上需要注意哪些

"双11"预售已经开始，在价格设置上有没遗漏或者容易违规的事情呢？不管有没有，今天给大家总结一些价格设置上需要注意的地方。

1.打折软件一定要用官方的店铺宝、单品宝，部分第三方折扣软件，"双11"当天失效。

2.针对"双11"的店铺优惠券，记得设置成"双11"当天使用，经常有人设置了也不看时间。

3.优惠券设置上最低领取2～3张，避免重拍或者退款后没有优惠券使用，从而导致客户不买，错过成交的情况。

4.不要随意去动流量比较大的商品一口价，调动一口价系统会重新分配流量，避免流量下滑。

5.让运营去检查好主图和商品的折扣方案是否对等，避免出现价格过低的损失，或主图宣传和拍下价格不一致等可能被投诉的情况。

6."双11"现货预热后将不能调整产品价格，要运用改库存的方法，先设置好产品库存，避免出现多卖、价格过低等导致让利过多的情况。

7.现货价格不能低于预售价格，不然别人为什么要提早买。

8.部分商品出现7折的折扣报名时，留下一个SKU改动价格和名字，删除其他SKU保存后，再次进入编辑增加SKU，在重新加的SKU里设置一个报名活动时出现的最低价格的SKU，这个SKU可以设置成小东西。另外这里需要动一动调整一口价，能被系统打7折的商品都是不太卖的商品，别舍不得。

9."双11"过后价格及时调回，付费流量也是一样.

价格设置还是需要注意很多小的点，往往也会有遗漏的地方，所以一定要逐个检查清楚，避免不必要的损失。

第291条：大促优惠券叠加导致低价售卖，这种情况应该怎么避免

每次大促来临时，各种店铺优惠券、单品优惠券、品类券、跨店满减等促销就会应接不暇，如果对规则稍微不了解，就会产生优惠券叠加导致让利过大，该怎么去避免呢？

1.商家可以使用优惠监控功能进行规避风险，具体路径："商家中心—营销工具中心—优惠监控"。

2.这个功能可查询商品在未来30天内的预测最低价，并了解该商品使用的所有优惠。

3.可设置商品的监控价格，当系统预测到商品价格将突破（低于）监控价格时，系统将对商家进行预警。

通过这个工具，可以很大程度上避免低价，但其实最重要的还是得在每次大促前，自行核算产品利润空间。根据报名活动价与各项优惠叠加的最终成交价进行测算，控制商品活动报名价格不要过低，避免亏本销售，才能让店铺有利润。建议每个店铺都去检查一下，尤其是11月1日和11月11日的价格！

第292条："双11"期间客服常见问题和预警

"双11"活动还有1个多星期就开始了，客服是承接整个流量和转化的重要一环，一定要做好安排，现在帮大家来整理一下客服方面需要注意的问题有哪些：

1.大促节奏工作推进

客服负责人要做好整个"双11"期间工作需要推进的计划表，好记性不如烂笔头，避免遗漏，按计划推进。

2.准备工作

排班安排、外援人员安排、活动培训、活动手册需要在这周内完成。排班一定要注意高峰期满配人员设置，注意人员休息调整，非高峰阶段可外援值班，把最中坚的力量放在高峰期！

3.目标分解加激励方案

（1）目标分解必须匹配到流量、咨询率部门（附件参考店铺数据）。（2）客服业绩目标需匹配对应客服分流设置。（3）激励方案除了简单结果数据激励，还需针对大促活动玩法进行设置，例如礼包销售数、礼包转化数、产品销售及关联目标书等。

4.注意账户安全问题

"双11"没有用的子账号全部停止，现有子账号的密码全部进行修改，离职人员账号更要停用。下架商品、删除商品、装修店铺，这三个权重只给适当的人，不相关的人请收回这三个权限。防止商品误下架或被删除。

第293条："双11"怎么提升首页的转化

做首页不仅仅只是为了美观，更多是为了更好地营造"双11"的氛围，提高转化率。我们梳理了三点做首页的思路：

1.一切为了吸引客户眼球

无线端的用户都是在碎片化的时间内浏览页面，例如在上下班路上、中午、晚上的休息时间，只看图不看文字，所以在设计首页的时候可以更多地展示产品和卖点文案，尽量保持画面的简洁，无效的文字能少则少。对"双11"活动来说，怎么吸引眼球，怎么有冲击力怎么来，比如突出优惠，突出限时。

2.为了快速分流

视觉最重要的一步是做好逻辑框架的布局，框架的布局就等同于建房子打地基，只要地基建好，那么剩下的就是填充内容的部分。首页逻辑框架可以根据产品的类别、风格、价格来排列，在视觉上对消费者的浏览和选购提供便利性的引导，框架结构设计合理，可以提高视觉的逻辑性，实现快速分流，让客服去要找的产品页面看！

3.引导回流设计

在页面设计的时候尽量多增加一些分类和活动入口，能让顾客跳转到其他分类看看有没有更好的选择。一直往下看也能快速回到刚才看到的内容上，避免跳失。

第294条："双11"的3个重要数据

今年"双11"的第一波活动就开始了，这几天陆续接到一些商家来咨询问题，有3个重要的数据和大家分享一下：

1.3000亿，虽然阿里每年都不说具体的目标，但根据内部消息，今年目标肯定是超过3000亿的，这也是为什么今年要拆成两波的原因。

2.30%占比，第一波1～3日到底会成交多少，根据行业的反馈，内部的任务是30%，所以按照30%的资源去配比就对了。

3.小于或等于5%成交，预售开始后，大家都盯着收藏和加购数据看，有老板开始备库存了。但要提醒大家，按照往年"双11"的数据，家具行业的最终转化率接近5%，拆解到小件和大件看，小件的转化率会在8%左右，而大件则在2%到3%之间，备货不要高于这个比例。

第295条："双11"除了直通车还用什么推广工具

一个其他类目TOP3的朋友上门来访，聊到他们基本不用直通车了，问及原因，主要有三点：

1.带不动搜索

直通车本质还是搜索流量，除非你不去抢免费流量词的流量，否则本质上就是在抢自己搜索的流量。而且从系统角度看，付费的和免费的产品同等权重的时候，优先展现付费推广，才符合平台流量的收入最大化。

2.卖不出高价格

因为是在搜索的货架模式下，用户自动就会进入比价模式，所以很难卖出利润特别好的高价格，基本上都是中低价格。卖不高价格也就没利润，那生意就没意义了。

3.平台倾向推荐型流量

手机淘宝现在越来越多的推荐流量，AI算法也越来越精准，用户需要用搜索的时候越来越少了，对应的搜索流量下降，直通车的展现机会也就越来越少，而同时因为大量卖家都在用，导致竞争激烈，就很难挣钱。

那么"双11"活动期间，推广有什么建议呢？他的建议是：除了"超级推荐"大力投放，多用极速推！因为其他推广产品价都涨得很厉害，但极速推没涨价，所以只要产品本身数据还不错，能够快速拿到大规模的流量。

第296条："双11"有哪几个时间点要特别注意

对于不是很擅长搞活动的运营商户来说，"双11"有几个时间点要特别注意，和日常活动是不同的：

1.开门红前3~5天，预售加权

平常活动搜索是不会单独给预售加权的，因为最近都是预售期，11月1日到11月3日属于"双11"的第一波，所以预售产品一定会全渠道，包括搜索，"猜你喜欢"等全渠道加权。

2."双11"前5~7天，预热加权

逻辑和上面一样，都是因为考核指标变了，平台不希望预热期成交，而是希望"双11"当天数据非常好，所以搜索在内的所有渠道，11月4日到11月10日就直接加权了。

3.31日晚上8点，晚会拉新

平台和湖南卫视搞了一个"双11"直播晚会，预计会带一大波线下流量进来买买买。

4.10日晚上8点，依然是晚会激活用户

"双11"晚会，浙江卫视和东方卫视直播，这是"双11"这几年的标配节目了，会带动很多线下不怎么买东西的消费者上来消费，所以晚会期间的推广，一切以拉新为主。

5.12日的返场

每年返场都能吸引一大波后知后觉的消费者，看到别人买了，直接来补点，所以再卖1到3天吧。

总之，从客服跟进、推广素材、推广节奏和花费，都建议匹配以上几个时间点来进行，才会有事半功倍的效果。

第297条："双11"活动期间资损怎么做

一家店铺因价格设置错误被薅羊毛，那么怎么正确地检查和设置好价格呢？

1.SKU批量设置导入模板，导致价格一致，而且没有及时修改被低价拍下，今天被拍下的店铺就是这个情况。

2.优惠叠加导致超低价，单品优惠券设置成全店优惠券，定向大额优惠券发放导致价格过低。

3.低价赠品未设置邮费导致大量拍下的。

4.SKU或者详情描述不当，比如把1件写成10件。

5.单品价格原本999元的，设置成99.9元的被大量拍下。

6.N件优惠或者秒杀优惠库存没有看好填多的，比如1件变成100件。

7.家具发货时间往往较长，很容易被退款，订单发出时及时点击发货，避免消费者申请退款超时未处理的情况。

8.库存随心填，货不够发，导致退款赔付的，单个订单扣30%的赔付，最高不超过500元。

以上是最低价也是最容易犯错的地方，大家其实可以用到淘系的平台工具，天猫后台的营销健康中心来确定自己的商品价格是否有问题，它属于低价资损风险商品检测预警工具，所以大家可以用来检查一下。另外库存方面再三确保和自己库房一致，避免货物数量不匹配。

第298条：临近开门红店铺还能做点什么

开始预热了，"双11"的氛围已经起来了，马上正式售卖。很多事情已经改不了了，还有哪些是能做的呢？我建议做好5点：

1.紧跟平台节奏走

活动太多，这次"双11"又是两波，因此放弃提前购的想法，做不起来。

2.做好培训，调整好排班

促销方案和产品给员工做好培训，"双11"时间长，别疲劳迎战，合理分配好人员和时间问题。

3.检查办公必备用品和设备

电脑、网络这些工作必备品，检查检查，别出问题。

4.跟进好意向客户

别嫌麻烦，通知提醒到位，多一条信息，多一个成交希望。

5.根据数据去备货

预售数据基本清晰，加购数据也是需求的反馈，备货跟上，别着急发不出去货。

复杂且琐碎，但有节奏地推进，是每一场胜仗的基本状态。

第299条：开门红倒数一天时间，运营值得做的三件事

还有25个小时，"双11"开门红就要开始呢，很多事情已经定型了，运营上有3件事情，推荐大家去做：

1.利用系统工具屏蔽恶意评价

打开八卦盾"https：//ss.taobao.com"开通异常评价防控和恶意订单防控，这样就会根据平台的大数据自动过滤和屏蔽异常评价和恶意订单。

2.用锚点图做关联搭配推荐

比如一款沙发的链接，旁边出现茶几，那就茶几上做个记号写上"双11"活动的价格，这样很容易引起客户的注意，从而提升关联交易的金额。

3.引导观看店铺直播

客户多，可以做接待，客户少，可以做针对性的产品讲解，当天只要在做直播，就在旺旺上自动回复，页面最底部等多个地方都引导客户去观看直播。

第300条:"双11"倒计时3小时的建议

因为今年月月都有大活动,加上之前经济预期偏悲观,所以客户对价格敏感度实际上是在提高的,还有3个小时就要开始,5条建议:

1.再次去检查一下页面的设置,避免出错,特别是发货时间和价格。

2.预售的客户可以通知付尾款,时间从0点30分开始可以付尾款。

3.店铺直播和"双11"直播晚会的协同,可以根据晚会进展做协同。

4.意向客户再提醒一轮,多提醒总是对的,现在就直接点,直接讲促销力度。

5.记得发店铺海报,例如在某个时间销量已经超越去年全天这种,不给别人看,就给意向客户和已经购买的客户看。让购买过的客户觉得买对了,意向的提示可以从众了。

第301条：什么才是决定活动期间能爆发的

什么才是决定一个店铺活动能否爆发的呢？结合我之前做咨询项目的经验，核心就三个：

1.品类的爆发系数

爆发系数是阿里内部的术语，就是一类产品因为活动成交翻的倍数，有些产品是天然的很难快速，比如商业办公家具，装修好，新加员工的时候就买，不会因为你活动便宜点就买。所以我曾经让某办公椅品牌，"618"和"双11"直接不推这类产品，而是所有推广费用花到对价格敏感度高的品类上。

2.产品的日常销售价格和定位

大店为什么每次活动都很容易爆发，因为这类店铺有很多产品，从产品定位到价格设置，都是为了活动做的，平常是聚划算，大促来就直接主推商品。记住一个日销产品，别想着活动爆发，从定位上就出了问题。

3.活动力度

活动就是要占便宜的，如果力度不够，那么很难有大的爆发，这也是为什么日销商品很难做爆款的原因，平常买花1000元，活动期间来95折，打折力度不大，客户很难被吸引。

今天的数据，基本就可以推算出你今年"双11"店铺的业绩了，如果表现好继续推进。数据如果不好，赶紧调整，市场是不会有奇迹的。

第302条：税局什么情况下会查企业的税

如果不是特殊情况（比如上级要求检查某类型的企业），只有4种情况会被查，包括：

1.被举报了

你的竞争对手还有你的员工（特别是财务）把你举报了。一定会被查的。

2.被关联了

涉嫌买卖发票或上游的企业有问题，那么你也可能跟着遭殃，所以一定不要去买发票，特别是一般纳税人，增值税专票的监管是最严格的。

3.被抽查了

比如企业所得税，行业平均是10%，你一分钱不交那肯定找你。包括费用的抵扣，比如广告费税局是规定只能最高计入15%的成本，超过了就会有风险。

4.被系统预警

特别是每年所得税汇算清缴后。比如阿里给你开了1000万推广费用票，你自己报税说自己才干了500万，差了500万，那肯定叫你去解释，甚至金额大的直接上门，封财务电脑、搬走账本。今年很多家店铺都是因为这个原因出的问题。

第303条：如何让自己有独立思考的能力

人喜欢从众，也喜欢听自己喜欢的东西，我们从小就被教育要听权威，因此很多时候都缺乏独立思考的能力，让自己有独立思考的能力，从以下几个方面可以提升：

1.区分是个人主观还是客观事实

比如客户问，这个沙发是软的还是硬的？每个人的体感都是不同的。

2.接触有独立思考能力的人，哪怕他的想法和你不同

从电商行业来说，比如做运营的人，可以接触产品能力强的人，看他的逻辑，会有启发的。

第304条：推广费不找阿里开票能降低风险吗

先说答案：能降低风险，但不能解决问题且不划算。

能降低风险是因为：进项票没有，会减少因为进项票比对而导致的被税局稽查风险。听说有些地方也会通过阿里开出的佣金和积分费用发票，算出你店铺的营业额，从而导致提醒异常。

但为什么不能解决问题呢？

一方面是因为风险还在，只要有一天被抽查，店铺所有的数据都还在，补税加罚款，少不了。

另一方面是明明付出去的成本不开票，就无法做抵扣和成本，直接导致你公司的增值税和企业所得税虚高，所以非常不划算。

电商利润又低，不做筹划，那生意是没钱挣的。所以要长远的解决，就必须做降低成本的筹划。

第305条：活动报错了怎么办

今年活动太多，很多会员求助活动报错了，怎么办？我统一讲下处理的方法：

1.最便捷的方法

召唤万象人工，告诉对方哪个活动，哪个链接地址，报错了，申请剔除。

2.化危为机的方法

如果少量SKU价格错了，库存不高，就当补单和推广冲销量了。

3.最终极的方法

找小二申请剔除。

第306条：如果公司遇到困难了，老板怎么办

今天和一个老板聊天，讲到他最近遇到的一些困难，然后我给了他一些站在我的角度的意见和建议。结合我过去15年的工作经验，如果公司遇到困难，建议老板们：

1.一定要先想企业自己的问题，而不归结为行业的原因。

2.绝大部分的问题，别想着招人解决，老板亲自上就对了，员工更多的是要去解决你自己会做，但是烦琐和需要重复做的事。

3.思考你这个生意的本质，比如电商就是GMV=流量×转化率×客单价，拆解到至少5层且最小纬度，然后选唯一突破点，先搞定最核心的一个。

4.加强做成交的势能。比如加强产品的功能和使用场景，如果加不了想办法降低价格。

5.关注效率。让团队轻松，减少制度，聚焦目标，提高效率。

第307条："双11"倒计时两天的操作建议

距离"双11"活动正式开始只有两天了，有哪些事情在接下来的两天里要重点做呢？

1.持续拉新，新用户比竞争对手的用户更有价值

每年"双11"都有一大波用户，平常不怎么在淘宝买东西，现在也要来消费的。日常我们关注竞品的意向用户，在接下来要重点去拉非竞争对手的有意向的新用户，这些用户才有更高的价值。

2.策划好从10日到12日的各个阶段主题

不同时间点的内容要不同，主图、活动的促销力度等，一定要区别处理。促销，本质上就是要进行价格歧视。

3.自动回复和客户沟通方式调整，营造氛围

促销都是要有氛围的，所以整个页面和沟通方式，都必须结合"双11"做优化。比如自动回复，每天调整。10日晚上开始，更要分阶段地去调整。马上就要开始了，最后几个小时，通通都用上就对了！

如果不出意外，"双11"当天，应该还是能到1～3日的两倍以上，加油！

第308条："双11"当天的操作建议

"双11"活动就要开始了，5点建议，大家参考：

1.主图跟着节奏来换，前两个小时，晚上最后两个小时，主图不要完全一样。

2.催付要坚持干，可以适当给客户一些定向的优惠券。

3.推广记得不同时间设置适合的价格。

4.截图存档竞争对手和同行优秀商家的页面，便于后续做"双11"复盘和分析。

5.关注小二群里的消息，当天可能会有流量操作。

第309条："双11"后的操作建议

只剩最后两小时了，最后一轮催付和意向客户跟进走起，接下来要做几件事情：

1.修改，24点后修改掉所有的"双11"活动信息。

2.涨价，哪怕只涨1块钱。

3.营销，告诉购买了的客户，因为您的支持，我们做得挺好，避免他想退款。

4.发货，减少退款和客户纠纷，是最重要的事。

5.复盘，针对这次"双11"期间的结果和操作，做完整的复盘。好的继续加强，不好的一定要快速调整，市场不相信眼泪，市场更没有奇迹，如果"双11"都卖不好，今年基本也就这样了。

第310条："双11"后怎么做活动复盘

复盘的意义在于从结果来看过程，找到那些有价值的需要重复做的事情，同时也把问题找出来，下次改进。

一、怎么做复盘？

从结果出发，数据化的表达逻辑。每个人的能力不一样，单就运营角度来看，完全可以围绕 GMV=流量×转化率×客单价来展开，逻辑不要乱，避免跑题。

二、复盘包括哪些内容？

1.产品方面：核心产品表现，流量来源、预售收藏加购数据、成交转化数据、利益点、潜力商品有哪些等。

2.竞品方面：行业和竞店热销产品，产品卖点、促销利益点，成交规模、可改进升级的地方。

3.促销方式：方式总结，形式、表达、推送时间点、对结果的影响评估。

4.运营策略：优秀店铺的运营策略和节奏，什么时间推什么，早中晚期分别做了什么。

5.人员团队：各个岗位的方法论梳理、工作职责、核心关注点、注意事项、容易出现的问题和解决要点，可提升和可改进的点。

三、要注意什么？

1.全员参与，充分表达，聚焦收尾。问题可能会有很多，在大逻辑下充分表达各种表现和原因，但最终一定要追问到如果只有一个原因，这个原因是什么？

2.形成改进的行动点，对应负责人和完成时间。对于总结的问题，梳理出解决方向或者方法，定向到解决的人和完成的时间，持续跟进。要是不解决，长期都会有问题。短期内解决不了的，经常提醒自己注意和关注。

第311条：电商常犯的5个错误

项目做多了之后，经常会发现很多"常识性"的错误，但其实大家习以为常了。讲5个常见的错误，供大家参考：

1. 下降期加推广

这是最常见的错误，没有之一。当一个产品因为竞争多了之后，想着靠付费推广来解决问题。然而实际的情况是，加推广不如直接降价。

2. 衰退期不止损

现实中，只要有利润就会有跟进者，利润越高跟进者越多。防御竞争者的最好办法就是：降价！同时当产品持续下降的时候，要果断放弃和止损，然后靠新产品来弥补丢失的市场。

3. 追求"高"ROI

很多人喜欢去看高ROI，实际上ROI是和规模成反比的。当一个产品回报率不错的时候，要扩大规模，适当降低ROI，才能获得更大的整体汇报。

4. 喜欢用大企业员工

大企业的分工非常细，基本上如果不是高层，就只能知道自己一亩三分地的事。所以如果要用大企业的人，最好是整组整组的人挖，效率才能高。当年我给某排名20品牌的建议就是如此。

5. 只想流量不想解决用户痛点

天天一堆人抱怨流量，其实流量是产品带来的，一个产品没有解决客户的痛点，何来差异化？产品的有效差异化本质上都是解决客户痛点的不同方案。而对一个上升期的店铺来说，扩品类是提升流量最有效的方法，没有之一。创造价值才会有长期的流量，对平台也是如此。

第312条：公司都有哪些会议可以开

基本上每家公司都会有自己的会议，不同的会议要解决不同的问题，我也见过完全不开会的公司，但有3种会议建议大家还是开一下：

1.每周的周会

15～30分钟，看团队规模。可以周一早上，或者周五结束工作的时候，核心是总结上周的工作完成情况，和安排下周的工作重点。

2.阶段性的学习会

1～2个小时，比如我们是每周四晚上安排学习会，可能是大家一起学一堂课，也可能是一次表扬与自我表扬会或者是批评与自我批评会，目的是提升认知、统一思路。

3.每月或季度的总结会

2～4个小时，总结过去一个月或者一个季度的重点事项和下一个月或季的重点安排，甚至可以讲一下长远的规划。

第313条：商家给天猫开积分发票，应该开几个点的专票

绝大部分的天猫主体绑定的公司都是销售公司，销售的专票是13个点，很多人认为开给天猫积分的发票也必须13个点。但实际上天猫给你开的不是广告费，而是技术服务费。服务类的专票是6个点，因此只需要给天猫开6个点的专票就好了。

当然，可能有老板问了，给天猫开普票可以吗？实际上在我们多年的接触中，大多数时候天猫是认普票的。除非金额非常大，才会退回来，此时重新再开专票就好。如果降成了小规模公司，专票找税局代开就好。

第314条："双11"带来的后续变化

今天开始陆续在帮店铺做"双11"的复盘，我分析后续有几个变化必然会发生。

1.三大电商平台同时并存，天猫的不可替代性会下降

从渠道角度来看，最怕不可替代。比如当年的国美之于家电企业，但随着京东的崛起，国美的不可替代性被瓦解了，尽管现在国美也是很不错的公司，但距离当年的议价能力差得远了，天猫同样。

2.以后"双11"可能都会分两拨，否则总成交数字难以上去

活动已经常态化了，明年大家在做新品的时候，要考虑好是做日销还是活动，两者很难同时满足。

3.会场的流量打散了，单品爆款会更难做

流量分散，做小爆款容易，但大爆款就很难。

4.流量和用户分散的情况下，品牌的价值就会凸显出来

所以，你想生意做好的话，花时间和精力做与品牌和消费者信任度相关的事吧。

第315条："双11"过去了，我们该反思的是什么

今天继续复盘"双11"会议，不管你现在有没有做复盘，我都建议你认真、严肃地做一遍，因为企业的改进是从不断地反思中获得的。那么对于今年的"双11"，我们该反思什么呢？

1.什么才是真正的客户价值

所有的价值都是因为它被需要，价值的衡量就是解决成本和收获的问题。大部分店铺都在研究怎么获取流量，却没想过真正需要解决什么问题，特别是哪些差异化的东西才是客户的刚需。前几天一位客户在我们公司待了几天，我对他说1.4米的办公桌很难找，市面上绝大部分的办公桌都只有1.2米。同时问他为什么主管的办公桌不可以有个小屏风的单独空间呢？这样不就解决了很多企业会议室不够的问题吗？恰是这些差异化给客户带来了真正的使用价值。

2.定价到底该怎么定

绝大部分店铺的标价都是用成本再加价的定价方法，而一个日销商品的利润空间，根本不足以支撑它打六五折。如果说这是定价错误，其本质上是对用户的理解还不够。

为什么很多高客单价的产品在活动期间卖得不错，因为价差足够大。正常高客单价能卖的产品，对特定人群来说就足够有价值。但我的意思不是想让大家都去定高价。在目前平台的做法之下，我建议如果你的相同产品要做不同的定位，那一定要依靠体量来降低成本，即利用大规模生产给产品带来成本优势。如果没有这个成本优势，那这款产品就难以搞活动。

3.团队暴露的问题有哪些

没有什么活动能像"双11"这样，让全公司的人都聚焦到一个核心目标上。把每个人做得好或做得不好的部分总结下来，以后再做活动时，就可以借鉴。每个人都应该把自己的工作内容整理成文档，要让人看完文档后就知道怎么做。如此，团队的效率才可能提高。记住，销售本质上就是效率的竞争。

第316条：淘宝"问大家"，是根据哪些规则排序展示的

"问大家"的排序是根据综合权重排序。影响它的因素，根据我的经验，有以下5点：

1.按时间排序，最后回复的在上面。

2.问题有效性：围绕产品购买，产品相关问题会前置。

3.带图片的优质回复会影响排序，通常被前置。

4.互动极高的回复，评论人数多和关注度高会影响排序，通常被前置。

5.高级会员的有效回复，会被前置。

以上原则是帮助买家决策，不管回复是好是坏，有效的互动会被前置。

第317条：如何做员工股权激励

经常有老板问我怎么做员工的股权激励，结合电商行业的现状，有5点建议如下：

1.成立有限合伙企业。分股份容易分权，所以最好的方式是成立有限合伙公司，然后入股你的主体公司。在这个有限合伙企业里，你是GP（普通合伙人），你的员工都是LP（有限合伙人）。LP没有决策权限，只有分红权限。在主体公司里，老板拥有100%的话语权和控制权，这有利于提高效率。

2.要有行权价格。任何免费的都是最贵的，即使在准上市公司，期权也都是有行权价格的，比如我原来工作的某个公司的股票是1.05美元，另一个公司的股票是2.22美元。本质上相当于投钱，特别是在我们电商企业中，IPO的概率不高，更多的就是分红权，实际上相当于发奖金，没有投入是不会有"主人翁"精神的。

3.多做岗位股，少做身股。核心就是要留住一些特定岗位的人员，如果这个人不合适了，换岗位，股权也要做相应调整。团队中能从头干到尾的人毕竟是少数，所以核心工作围绕需求来做，而不是人的存在。如果离职是要收回股份的，即使"退休"了，股权也要打折，华为就是这么干的。

4.分阶段分周期落实。我之前几家公司的确权周期都是4年，就是说每年都会自动确认四分之一的股权。如果公司已经上市了，可以及时套现，如果公司还没上市，上市后也可以一次性套现。分阶段确认，其实是在激励对方减少股权的风险。

5.只适合少数人。公司规模有限，前景也不见得一片光明，所以股权激励针对核心团队做就好，目的是要把核心人员留住，做长期的精力投入。

第318条：什么样的企业容易获得资本的投资

1.品牌营销能力

设计、制造、品牌三个能力，相对来说，最难的是品牌能力。因为品牌才有最终的议价能力，资本的核心推出不是靠利润分红，而是靠IPO或者被收购，所以如果没有品牌，价值就不大。

2.高速增长潜力

不怕亏损，就怕不增长。从投资角度看，在本业可以挣钱的前提下，所有的亏损都是对未来的投入。就像京东电商一样，它是挣钱的，但在物流的投资又是亏损的，这就导致它变成了"亏损"。但这种亏损都是长期价值的投入，企业的核心还是要创造价值，然后才会有延后的收入。

3.高素质的创始团队

包括创始人的思路、对未来的判断和认知、对资本的理解、核心团队的搭配等都是投资人重点考虑的要素。如果在这些层面没有了解，就很难获得资本的青睐。

第319条：店铺运营负责人每天都干点啥

一个店铺负责人（也许是店长，也可以就是老板自己）每天要做点什么。结合我服务众多店铺的经验，推荐每天检查5个方面的内容：

1.检查基础运营情况

比如页面是否正常、活动有没有报名、客服聊天是否达标、评价和"问大家"、平台的重要事项有没有做（比如续签）等，核心是监控店铺是否正常。

2.进行店铺数据分析

统计店铺数据并做分析，特别是与主要对手的情况，销售、流量、推广数据，基本的财务分析数据等，从数据中找出差距和可操作空间。

3.服务体系和进度确认

确认收货和发货情况，有没有明显异常和特别需要安排处理的订单，确保综合服务指标要达标，让店铺进入正循环。

4.产品能力反馈提升

备货、产品完善和上新计划，根据用户的反馈意见调整，提升产品的竞争力。一个爆款如果3个月都没什么改进，估计很快要被人赶上了。

5.团队流程和效率复核

推广、客服，这些最基础岗位的工作进展，你检查什么，团队才会做什么。另外人员招聘要持续干、坚持干。

要做的事情也许很多，那就抓住阶段性的重点，持续地、不厌其烦地坚持做，生意原本如此。

第320条：如何做适合活动爆发的产品

最近给咨询客户开"双11"的复盘会，有爆发得很厉害的，也有的遇到了问题，特别是今年很多人低估了预售的重要性。但最大的差别还在于活动产品的选择。那什么样的产品适合做活动爆发的产品呢？

1.便于快速决策的基本款

基本款本身就已经说明它被市场验证了，而且基本款从审美角度来看，虽然不会很好，但肯定不会太差。

2.大规模生产能够降低成本

所谓的提高价格再打折，本质上都是在骗自己。活动的核心动力是：便宜！让利给消费者，这才是正确的商业模式。

3.一般不是日销款的链接

能成为日销售款，本身就是性价比很高的了，基本上不太可能再打个7折，或者8折。没有折扣就没有下单的动力，所以这本身就是个悖论。

4.品类决定爆发系数

比如为什么儿童学习桌每次都可以大爆发，但你看看办公桌就不行，这是因为每个品类都有爆发的系数的，或者说有些产品就是适合一旦降价就可以下手，而像办公的很多品类，你得有办公场地放吧，办公室一般都是租的，做生意要的就是快速启动，根本就等不到"双11"活动。

所以活动产品，一定要单独设计，分开运营，基本上很少店铺能够做到日销好，活动又好，这对产品运营能力的要求是很高的。

第321条：被投诉外观专利侵权申诉怎么写

在外观专利侵权投诉中，凭证和申诉两者都很重要，一个是提交的凭证要小二看得懂，写的要小二看得明白，之前就说过在先证明和6面对比图的申诉方式给大家参考：

一、在先证明申诉：

投诉人专利日期为某年某月某日，而该产品早在某年某月某日在天猫就已经上架销售，早于投诉方申请日期。该产品对应的微淘上新或销售订单时间为某年某月某日。请看产品天猫链接：（附上链接）。根据《专利法》第二十三条"授予专利权的外观设计，应当不属于现有设计"，应该驳回投诉方的投诉。请核查谢谢！

二、6面对比图申诉：

本公司在对权利人专利图和本司产品进行不同处对比：

1.权利人柜体正面的抽屉为凹陷设计，我们的是平板设计。

2.权利人正面抽屉面板之间有固定的横杆间隔，我们是无间隔设计的。

3.权利人抽屉面板侧面为90度直角设计，我们的是45度斜角设计。

4.权利人的抽屉拉手是固定的，我们的是可活动的拉手。

5.权利人的五金脚是连体方形整块设计，我们的脚是7字形独立设计。

6.权利人柜体背面是分两区凹陷设计，我们的是整体平板设计。

综上所述：以上明显区别于原告的专利，这完全是两个不同的产品，会给消费者不同的视觉影响。

第322条：为什么平台小二和官方的话要反着来听

我之前在天猫负责过横向的流量运营，也负责过纵向的商家运营，从我做天猫小二的经验来告诉你，因为：

1.肯定是缺什么讲什么。比如平台太复杂，所以老板才说要简单一点。

2.小二讲这事情很重要，是因为这是他的工作。

3.处罚什么、说明什么目前是有效的。什么好评返现、补单，都是有效的。

那什么话要认真听呢，记住两个原则：

1.动搜索和动首页流量的改变。不是说动这两块就一定能成，但这说明平台是花了功夫来做的。

2.平台不用使劲推广，但小圈子里有人做得好的。但凡使劲吆喝的都是不好搞的。

第323条：主体变更需要做的准备工作

主体变更在非大促期间都是好时间，最好的时间是在春节前，物流停止收货之后。今天给大家梳理一下需要准备做的工作：

老主体公司：

店铺经营必须满1年，且有主体变更入口。

变更前需要准备的资料：

1.公司营业执照复印件盖公章；

2.开户许可证复印件盖公章；

3.法人身份证复印件盖公章；

4.股东身份证复印件盖公章；

5.商标证正反面复印件（老主体名下盖老主体公章，个人商标不用）；

6.商标持有人身份证或公司证件复印件（老主体名下无须提供）；

新主体公司：

1.一般纳税人。

2.注册资金100万以上（类目不同需要看类目入驻的公司资金要求）。

3.注册时间1年以上。

4.近半年不能有股权转让，近半年不能有法人股东变更记录（这条经常出问题）。

5.经营范围有现在所售类目。

变更前需要准备的资料：

a.营业执照复印件盖公章；

b.开户许可证复印件盖公章；

c.一般纳税人证明复印件盖公章（以前的公司会有，现在用营业执照即可）；

d.法人身份证复印件盖公章；

e.股东身份证复印件盖公章；

由于从税务规避风险的角度看，主体变更是目前最有效的方法，因此建议大家如果经营时间超过3年且营业额又过亿的，建议去变更。

第324条：店铺主体变更的流程和所需时间

天猫主体变更过程分为五个阶段，每个阶段预估所需时间分别如下：

（1）提交变更资料

若您资料准备齐全，该阶段约2小时。该阶段店铺可以正常运营。

（2）等待审核

初审会在5个工作日内完成，复审会在3个工作日内完成。这一阶段正常需耗时3~6个工作日。该阶段店铺可以正常运营。

（3）公示期

公示期共15天，从天猫小二复审通过时算起。该阶段店铺可以正常运营。

（4）确认信息，执行变更

该阶段取决于您的准备情况及处理时间，通常会在一天内完成。若您准备充分且操作正确，时间会缩短至30~60分钟。注意：一旦点击执行变更按钮，店铺将会被锁定，此时店铺不能产生任何的交易。

（5）变更成功，处理待办事项

这一阶段取决于您的处理时间，请您在变更成功后立即处理。该阶段店铺可以正常运营。

以上合计起来，大约要20天的时间。

第325条："超级推荐"如何快速给新品打标签

　　为了让新品"超级推荐"能快速入池获取流量，需要给新品打标签。那么怎么利用"超级推荐"给新品快速打标签呢，这里给大家推荐一种用"超级推荐"新品推广计划的方法。

　　1.选择商品推广——新品推广。

　　2.优化目标选择促进点击。

　　3.侧重人群——默认就好。

　　4.日预算，至少100元，具体根据预估PPC和想获取到的点击预估。

　　5.时间、地域设置——参考直通车。

　　6.添加要推广的商品，参考建议出价即可。

　　7.智能调价30%，侧重人群溢价30%，后期根据数据可调整。

　　整个计划的原理就是新品推广计划，系统会根据算法快速给新品打标，新品推广有绿色通道，能快速入池。

第326条：如何做好家具产品视频

淘宝已经从平面时代升级到短视频时代，而视频的方式也更能完美地展示产品，所以优质短视频是有很大机会曝光到微详情页中的。在日常生活中经常会遇到拍摄没有方向，想法和输出的结果不一致的问题，应该怎么去做好产品视频制作呢？

1.情景型

通过模特和场景，引导整个视频的节奏，同时展示产品的卖点。生活化情景能让消费者更有代入感，注意在前期做好充分的脚本策划。

2.通用型

用视频的形式逐个解决消费者的痛点，通过产品自身的卖点提炼，还有"问大家"和优秀同行评价里挖掘消费者关注的问题去进行描述。

3.3D型

当实拍手法无法更好地展示产品卖点时，可以利用3D还原产品材质和功能。

4.讲解型

用讲解的方式去拍摄可以更贴近消费者使用体验感。另外，视频时长不超过60秒，50秒内的视频效果更佳，核心要在视频的前10秒内做好内容吸引。

第327条：找到店铺增长点的思路和方法

今年经济同比去年普遍下滑，但即使处在这个大环境下，电商的大盘还是在高速增长。

找到店铺的增长点，可以围绕3个角度进行思考：

1.如何满足客户的需求？

2.有什么事情让客户感到失望？

3.客户投诉和不满的主要原因是什么？

针对这3个点，持续去做改进、做优化。在实际操作中：

（1）可以安排客服团队的售后人员或者是产品经理来做这一类的调研工作。产品经理可以直接接触到用户端，调整时能更清楚地知道用户要的是什么，因为用户的意见不代表他个人，通常代表他这类人群。

（2）调研用户当时为什么选择这一款，是哪里打动了他？在家具这个高客单类目，用户下单也是经过反复对比的，找到自己脱颖而出的优势，用调研结果来放大产品卖点。不要小看这小小的举措，对用户来说，也是一个有温度的回访，如果处理得当，有望让用户成为产品的口碑传播者。虽然家具复购率低，但是人们是不是更愿意相信身边人认可的品牌呢？

对于大多数公司来说，产品和服务的持续渐进式改进才是长期利润增长的关键。常年坚持"只需更好"的竞争策略是找到客户需求的有效方法。这么做会逼迫你站在客户的角度找到最重要的事项。

第328条：电商短视频的优势是什么

1.能全面涵盖产品信息

跟传统的一张图片只能介绍产品一面的图文介绍模式相比，短视频更能够全方位地展示商品，清晰地给消费者介绍商品的特点和功能，促进下单。

2.传播途径不被限制

因为短视频是以视频的形式保存的，因此它也可以借助互联网的优势将其推送到各个自媒体平台上。这样能让不同地区的用户了解到该产品，同时传播途径也不会被限制，进而拓宽了销售市场。

3.抓住用户需求

因为短视频主要是将产品以影片的叙述方式来展现的，因此就能够搭配一些特定的场景和背景音乐，这样能很好地抓住用户的需求和痛点，进而达成转化。

4.节省消费者的咨询时间

跟传统图文模式相比较，不少消费者可能在浏览完之后还存在各种疑惑，因此需要去咨询客服，这样不仅会占用用户的时间，也会占用客服的时间。而短视频则能全方位地展示和解说，自然也能解决一部分消费者疑惑的问题。

第329条：店铺访客每天下降怎么办

相信有很多商家碰到过刚上的新品，没过几天流量就开始下滑，摸不透也找不到是什么原因导致的。那么今天就给大家梳理一下，如何做才能维持住流量并让它持续上涨：

通常下滑是因为曝光量和展现量的下降，从而导致展现价值下降及访客下降。那么可以直接通过直通车、"超级推荐"、极速推来测试，测试什么呢？测试点击率、转化率、收藏加购率是否高于同行。如果没有就直接调整：

1.最需要先解决的是点击率。这里有两种方式推荐给大家，第一种是收集同行优秀的车图直接模仿，利用同行车图做测试，看看点击率和自己的差距，一般来说会比自己的图高0.5～1倍，然后直接参照对方修改成更好的车图。第二种是直接让美工做20张主图，然后测试，高于市场均值的1.2～1.5倍即可。

2.通过直通车工具里的数据解析，查看主词的转化率、收藏率、加购率，然后与自己的产品做对比，如果低于市场平均值，那么整个详情页需要调整，最快的方式是和第一点一样，直接模仿同行优秀作品，或者以服装类目等时尚感比较足的其他类目作为参考，做出好的修改。这里比较适合做流行颜色的家具，中式的话可以看看茶具类目的详情页。

3.展现价值可以用来判断自己的产品是否足够好，展现价值有个公式大家可以利用上："展现价值=成交额÷曝光率"。

当然，如果知道问题也不改进，自我感觉良好的商家可以直接忽略。数据下降，用好以上的点，快速且有效率地整改完，快速拉回访客轻轻松松。

第330条：如果不想在税务上出问题，短期内能做的事情有哪些

因为估计没几个电商的老板懂财税，所以重点关注5点就好：

1.财务账要做好，核心是不引起税局系统的异常，特别关注各地征收的比例和要求。这是最重要的！

2.对公账户的款项和票最好对应上，这里特别要注意网商银行的对公账户也等同于一般银行的对公账户。

3.增值税专票抵扣的处理，不管是其他公司（包括阿里）开过来的票，还是我们给客户开出去的票，如果不抵扣操作，时间长了容易引起税务局的稽查。

4.不要买卖发票，特别是增值税专票，一旦关联方有问题，必然会牵扯到自己。

5.注意小税种，特别是印花税。

第331条：整个阿里电商的大思路是什么，商家怎么办

今年很少见的手淘改版了两次，很多人研究技术，殊不知在互联网的结构里，技术是为产品服务的，所以产品经理的思路才是商业的核心。那么这两次改版，大的思路是什么呢？答案是：匹配效率！

在阿里看来，我左手几亿用户，右手众多商家，如果要商业表现，要的就是匹配效率。所以，无论是"超级推荐"，还是"猜你喜欢"，抑或是马上要发布的订阅，都是为了利用系统实现更高的匹配效率。

那么作为卖家，要做的长远战略是什么呢？

1.更长的产品线

产品多才更有机会被推荐和匹配。

2.更精准的产品人群定位

具体到单个产品，精准的定位才能实现购买。

3.更清晰地推广付费人群

在系统无法知道人群的情况下，系统的学习对象就是你的付费推广。

4.更强的内容展现能力

匹配是有入口的，订阅里面更多展现偏内容的东西，就像传统公司有市场部，而不能只有销售部一样。

5.更强的营销能力

平台要求分散，从厂商营销效率的角度来说，这就需要更强的营销引流能力。

第332条：做新消费品牌的三个方法

有时觉得自己没优势，其实大可不必，你能存活下来，一定有你的价值。当然如果我们站高一点来看，很多产品都有重新做一遍的机会，这两年各种新消费品牌层出不穷，某种意义上就是原有市场的产品无法满足新的需求，然后新的品牌切入这些市场，完美地实现了从0到1的转变。

那么这些新品牌都是怎么做的呢？有这几点：

1.定位：切入了一个新的细分市场或者细分人群

每个品类，无论是奶茶还是咖啡，抑或冰激凌，都是原有市场就有的品类，只是通过市场细分，切入了一个更加细分和具体的市场或者人群。

2.超值：产品做了"高大上"但又物超所值的包装

很多女生喜欢拍奶茶的照片，是因为拍出来好看，而单价也不贵，就30元左右。

3.获客：大量利用社交媒体的低成本传播

从微博、小红书到抖音，这几年国内移动互联网的新渠道层出不穷，获客成本极低且容易大规模传播。

总之，其实核心驱动因素总结下来就是，"3D"驱动！Design（设计）、Develop（研发）和 Delivery（供应链）。所以跳出来看吧，别把自己当作只是卖货的，从做一个新的消费品牌的角度来看，今天家居市场有足够多的容量和机会！

第333条："双12"的操作建议

再过一个小时，"双12"就开始了，虽然它没有"双11"的规模大，但也是个S级的活动。后面的"双旦"和年货节没有家具类目，那么这三天的活动就是今年最后一个大活动了，建议大家做好以下几件事：

1.明确提醒客户提早下单，2月中旬就过年了，而1月下旬会停止发货。

2.因为"双12"心智并不是很明确，所以优惠上不能低于"双11"，避免没怎么卖又来一堆补差价的情况。

3.多做搭配销售，特别是整个空间的引导，客户数量不能多，那就争取单个客户价值提高。

今年活动太多，日销都已经活动化，回到平常，把基本功做好，围绕客户的需求和问题，不断迭代产品和表达。

第334条：手淘搜索店铺内商品标题下方展示的标签效果怎么设置

最近有会员问，说手机点击进入店铺——全部宝贝罗列页面，看到宝贝标题下方会有标签，像本店实木床热销第1名、本店实木床人气第2名这种字样，它是如何设置的呢？

1.现在店铺里的这种标签目前分为两种，像本店某某类产品热销第N名，这种是基于店铺宝贝销量情况，系统自动展示的，人为不可设置。

2.第二种如果是在宝贝标题下方一行显示宝贝卖点文案的，这个可以在"卖家中心—宝贝管理—商家素材中心处"自己编辑，除了在店铺宝贝页展示，也可以在"猜你喜欢"、订单详情页展示。

除了第一种人为无法干预外，建议大家在第二种的卖点文案处做修改。大多数店铺反馈，这对于提高宝贝的点击率会有一定帮助。

第335条：学会诊断店铺视觉，降低详情页跳失率

很多时候，我们看到店铺页面跳失率很高时，都会认为是店铺页面做得不够漂亮，所以就花了很多心思在修图上。其实，对于一家店铺来说，图片做得精美与否，不是影响跳失率的唯一原因。还有最大的一个原因是，页面里没有匹配消费者的需求，也没有打动消费者心智的视觉呈现，所以买家点进来无法快速地看到他想看到的内容，因此就离开了，这就是为什么页面跳失率高的原因。那么作为设计就很有必要学会诊断店铺的视觉效果。

1.看生意参谋数据

做设计不要埋头苦干，而要学会怎么去看数据，学会总结每张图测试后的数据情况。找出自己产品详情页的跳失率数据，打开"生意参谋—流量—单品数据情况"，看看跳失率、停留时长、加购率的情况，家具类目跳失率在60%以下算是比较优秀，超过70%属于偏高的。店铺产品布局、流量、价格都会影响跳失率。

2.竞店竞品对比

拿自己店铺的页面去跟竞品做对比，对比的维度包括产品的质感、卖点的表达、软装的搭配、场景的氛围、视觉的规范性等，看看自己页面的弱势在哪些地方，对比之后把它优化起来。

3."问大家"、评价分析

去看"问大家"和负面评价里，消费者最关注的问题有哪些。把这些罗列出来对照我们的页面，看我们有没有把消费者疑虑的点在页面上做解释，如果没有，证明我们是没有解决消费者的需求的。

知道是什么原因导致页面的跳失率高，我们就可以针对性解决了。以结果为导向出发，降低跳失率就是提升转化率，以上的因素也是从优化转化率方面入手的。

第336条：做新产品正确的4个步骤

过完"双12"，感觉就到年底了，不管生意是好还是不好，都需要做一下明年产品的规划。特别是不好的，绝大部分情况下都是产品出了问题，所以如何正确地上产品，结合我过去3年服务近百个咨询客户的经验，总结了4点：

1.先问目的

为什么要做这款产品，服务什么样的用户人群和目标，解决了什么问题，什么样的客户是核心用户，哪类人又是泛人群？如果这些不搞清楚，还有很大的失败可能。

2.再做推演

要推广这个产品，有哪些渠道，哪些关键词，竞争环境怎么样，是做活动还是以日销为主，怎么和他们PK，盈亏平衡点的数量是多少，理想状态要达成的核心要素是什么？如果不想清楚这些，那等于踩西瓜皮，完全抓不住核心。

3.亲手打样

用最小化的成本做测试，然后一步步测试点击率、加购收藏率、价格敏感度，看看是否与你推演的时候吻合，以及如何从Beat版本到1.0版本、1.1版本。核心是确认可行性，总之做出一个小的样板出来。

4.及时复盘

经过打样测试后，撤掉产品链接，针对产品、运营、推广、供应链做整体的复盘，看有哪些地方需要改进，如果不行就要及时放弃。完整的全员复盘，针对问题，解决问题。

总之用最小的成本搞清楚核心需求，以及验证过的解决方案。然后再去做产品、推广、营销、供应链等，这样效率才会高而快。记住：如果不做思考和验证，靠机会挣的钱，即使努力也会很快亏回去！

第337条：如何减少同行竞争

任何行业只要存在，就会有竞争，从这个角度来看，只有以下3种情况能够减少竞争：

1.垄断性的行业和产品，比如有强制力保护的专利和品牌属性。

2.对方成本高而导致不能改变的，比如线下品牌因为核心是经销商，所以电商被线下经销商反对而无法顺利开展。

3.不想改变和不能改变的，比如品牌的属性，很多做高客单产品的，经常不屑于做低客单的品牌，所以不愿意降价。行业标杆很难跳出现有的品牌属性，比如你让席梦思去做沙发，总是有点怪怪的。还有就是供应链极强的低价走量。

总之，竞争很难避免，在不够大的时候一定要做巨头们看不清看不懂看不上的产品和品类。

第338条：物流或工厂停运发货注意事项和应对措施

这两天大家都在传一个物流停运的时间表，表中各地的停运时间都是一样的，这肯定是不准的，但是它给我们提了个醒，要提前预防物流和工厂停运。

1.1月初很多工厂陆续开始停工，原因是要求分批放假。工厂和物流是劳动密集的产业，在疫情防控情况下，各地政府都很重视。所以建议大家跟工厂和物流保持沟通，持续确认停运和放假时间。

2.店铺可以提前打出"年底物流停运，发货截止至某年某月某日"的提示，营造时间紧迫感，促进转化。

3.1月下旬的订单需要沟通好发货时间，那时候发货大家肯定都会催的，急单客服主动跟进好物流中转。

4.1月份、2月份产生的售后订单，需要先安抚好客户，如果是客户可以处理的情况，可以补贴让客户自行当地处理。

5.针对年度物流和工厂停运放假，提前让客服整理好应对、安抚方法，避免差评上涨。

第339条：被知识产权局的行政通知产生的侵权投诉，怎么应对

之前有个会员说，在链接有外观专利和评估报告的情况下，由于页面上的"专利产品"这几个字眼而被投诉侵权。加上它与一般的外观专利侵权处理方法不一样，所以就跟大家说说处理这类案例的方法：

1.收到类似这类知识产权行政通知所致的投诉时，一定要看清楚系统发送的侵权通知，查看具体是哪个地方不对，导致侵权，千万不可贸然申诉。

2.像上面说到的这个典型案例，在链接有外观专利和评估报告的情况下，是由于页面上的"专利产品"这几个字眼对投诉的实用新型专利造成了侵权。也就是在没有写是"外观专利"这几个字眼的情况下，用自己的专利证书或者对比图申诉是不行的。需要按照页面指引删除侵权的字眼，然后提交申诉。

3.这里要注意的问题是，大部分人收到这类通知完全不知道侵权点在哪里，如果找不到侵权的地方，需要找知识产权专业人员来看。

4.如果在页面上申诉不通过，链接被删除，那么还可以通过去阿里上访来恢复链接，上诉时需要跟接待的小二讲清楚侵权的地方，然后准备好专利证书和评估报告。

第340条：如何写好产品软文

在淘系平台流量获取成本越来越高的今天，内容平台也值得大家去运营，如：豆瓣、小红书、微淘等，那写种草软文都有哪些方法呢？大都围绕4个角度：人群、使用场景、材质、品牌。确定好产品的使用人群，了解这些人群的消费习惯，构建好产品的使用场景，再介绍产品的材质、构造及品牌。

软文结构可以参考：

1.产品价值——外观好看或实用性强，功能介绍。

2.市场现状——市面上同类型的品质和价格，突出高品质或高性价比。

3.文章目的——写这篇文章的目的是什么，帮助新房主人高效挑选优质家具？

4.权威说明——我们为什么有资格来分享经验？专业家具人？生活美学实践者？

5.个人说法——表达易于常人理解的观点。

6.总结优点——总结产品优点，归纳使用人群。

结尾结构可以参考以下几点：

建议或忠告——想要对读者嘱咐些什么？

引导关注——引导读者关注账号。

征集——征求读者建议，为下一篇文章选题。

免责声明——承认不完善之处，避免争执（非必要）。

第341条：有收藏加购但是转化低怎么办

最近有会员问，店铺每天都有收藏加购，但是转化率很低，怎么能快速提升转化率，这里给大家介绍应对方法：

1.打开客户运营平台——智能营销，选择购物车营销。

2.在商品加购列表中，选择对应的产品，然后选择创建活动。

3.设定活动价，选择人数最多的价格，最后点击创建。

当按照以上步骤设置完成后，系统就会通过消息提示买家，以此直接提升转化率。但是需要提醒大家的是，这个操作是会影响最低价的，它适合单SKU并且不打算报活动的平销产品，所以商家可以根据自身情况，最终决定要不要使用。

第342条：手淘搜索商品标题下面的推荐理由是如何设置的

手淘搜索框输入某个关键词，页面展示的商品标题下方会有个推荐理由，比如"实木床畅销榜前3"，这种是怎么设置的呢?

1.目前它有两种方法可以操作，第一种是行业小二直接抓取您的商品属性，例如：标题、副标题、属性、描述等，具体如何抓取是由行业小二决定，针对类目维度直接进行设置。

2.第二种方法是通过商品发布页中的"推荐理由"模板设置，这里的文案可以自由填写，但需要审核通过才会展示，目前属于邀约制，若你商品发布页无"推荐理由"的填写入口，则表示你暂时无法设置。

这里需要注意的是，推荐理由的设置最多15个汉字，不允许填写营销词、违禁词等!填写之后会由行业审核，审核通过则会在搜索页展示，审核时间一般为1个工作日。

第343条：如何有效催付拍下未付款的订单

每次的活动，总会有大量拍下但未付款的订单，这些订单很容易被大家忽略，但是如果能做到有效的催付，就能挽回20%以上的销售额，那么如何去做好催付呢？

1.利用好自动催付、催拍工具，提升转化。

2.全方位配置好店小蜜自动机器人功能，提升咨询效率。

3.合理安排催付时间，利用大促当天活动氛围直接催付，切勿等到第二天。

4.准备额外的催付利益点，提高催付成功率。

第344条：短视频拍摄的布光技巧

主图视频越来越重要了，那么如何拍出好的短视频呢，光线是体现质感的关键，今天给各位会员整理一下布光的一些技巧：

1.主光

一般拍摄所用的主光通常是由柔光灯箱发出的。这种光线较均匀，方便控制。

2.辅助光

辅助光源很容易创建，比如手机就可以作为辅助光源。因此，辅助光源一般都放置在主光源相反的一面，亮度比主光源小。一般来讲，为简便起见，辅助光的光源很多固定在天花板或墙上。

3.背光

如果按照这样的情况直接进行拍摄，结果就是主体看起来如同融入黑暗的背景之中。而如果有了背光，主体会显得更加立体。一般可以把太阳光作为背光源，从而让被摄主体更加突出。

4.侧光

侧光就是来自被摄对象平行两侧的光。被摄主体一侧受光便会产生强烈的明暗对比，使形态、线条、质感得以最大限度地显示。

5.反光板

反光板在拍摄外景中起辅助照明的作用，有时也当作主光来用。它常常被用来改善光线，使平淡的画面变得饱满和立体，更好地突出主体。

6.实用光源

实用光源就是直接借用一些灯具或光源体来当作光源，比如台灯、电视、蜡烛等。但是这些光源的光线强度一般都不能进行随意调节。这个时候可能就需要采取一些方法，比如弄一些纸套在灯泡等光源上来调节光线强度。

第345条：站外推广短视频注意事项

不少企业都在积极利用抖音等短视频渠道去推广产品，但好的视频都是有规律的，以下5点要特别注意：

1.视频背景音乐要与视频内容贴合，根据音乐节奏对视频节奏进行调整。比如新潮的产品是适合用快节奏的音乐，而中式的产品就适合用舒缓的音乐。

2.视频标题要取好，好的标题容易产生共鸣，标题的好坏也会影响播放量。比如明确写明装修案例，能够让系统知道视频里的内容是什么，有利于系统做推荐。

3.视频内容要有引导性，让用户参与留言、评论，让用户活跃起来。比如记得点赞加关注能够有效提醒感兴趣的用户。

4.视频的内容不要出现敏感字，对视频流量会有影响。广告法违规的极限词是要明确避免的。

5.视频要有自己的风格和特色，多分析自己的视频，让用户产生记忆。比如农产品可以强调产地的真实性，新潮的产品一般都是色彩更大胆。

第346条：视觉呈现中如何用文案表达

文字是品牌和消费者沟通的第一道关卡，能让消费者看得懂才是文案，看得懂还能让消费者感知文案是有生命力的，能把产品信息有效地传达给消费者才是最终目的。那么应该如何在视觉中更好的用文案去传达呢？

1.文案简单明了

文案表达切勿使用太专业性的词汇，因为我们面对的是第一次接触产品的消费者，而不是这个行业的专家，所以文案的信息传达需要简单明确，能让消费者在短时间内看得懂记得住，好的文案能降低消费者的记忆和消费成本。

2.可传播的文案

有效的文案并不是你说一句话给消费者听，而是消费者听完以后主动传播给其他人听，这才是真正有销售能力的文案。

3.具有画面感的文案

找到消费者在使用场景里会遇到的困难、麻烦，然后针对这个痛点去表明我们的态度。例子：有一个做沙发的文案描述。

单人沙发：一个人时别委屈了自己。

三人沙发：二人世界时别委屈了妻子。

文案不仅表达了产品宽敞舒适的卖点，也关怀了消费者在情感上的诉说。

4.建立消费者的信任

深入性的文案可以引发消费者的共鸣，很多品牌使用自然文艺类的文案，这会让消费者自然而然去联想这个画面，并将这种调性嫁接到对品牌的认知上，觉得在众多的品牌里只有你能懂我的生活，以此来建立消费者的深度信任。

第347条：大促活动的设计流程制作

为什么每次大促活动都准备得不够完善，总是会在临时出现不少的问题。那是因为在活动前期大家没有做好活动的策划、人员的工作安排，想要有效地提升工作效率可以看看以下几点：

1.项目组建立

活动时间确定下来后，需要建立项目组，组员包括设计、文案、策划、运营等人员。

2.方案的讨论

项目组建立后需要共同确定活动主题的方向，内部提案的碰撞，确定活动的策划主题。

3.建立设计排期

确定活动主题后开始设计排期工作，这里面需要细分到人员的安排、设计的数量、完成的时间等，根据工作内容完成工作安排，视觉上要把相关的工作任务进度清单列出来，依次做好每个时期的设计推进工作。

4.设计策略

首先找到灵感方向，作为设计师都会有属于自己的灵感素材库，看看近期的流行风格，再结合活动大促主题的风格去思考，确认表达的形式。然后再结合品牌的基因展开页面的设计，包括首页、主图、推广图、边角料素材，完成页面和图片的制作后，要提前准备好所需要的素材，提前测试，避免在活动期间出错。

第348条：如何走出困境

在看到社群每天公布行业大盘流量和销量数据的时候，经常会有老板感觉跟不上节奏，也就是遇到困境了。如何走出困境呢，我觉得更多要反思自己的整体运营情况，包括：

1.确定好自己的人群定位和产品定位

人群定位：比方三四线城市，小户型，以24～35岁的人群为主，女性居多男性偏少的话，以女性视觉优先的产品上架。用好这类人群偏好的色调，可参考女装类类目。在这里提及一句，专注好一类人群，做好该人群能接受的风格产品来打造产品，会比你总想要泛人群流量来得更精准，成交更容易。

产品定位：确定你的产品在市场上是什么价格段，在该价格段你的优势是什么，是你的产品线足够多，还是质量更好？你比别人做得好的是什么？把长处做得更好，不好的加以改进。如果没有优势，能否调整价格段进攻，当然调整价格段需谨慎，如果操作不当很容易使销量大跌。

2.视觉场景规划

根据确定好的人群生活场景进行视觉的统一性，根据使用的生活场景关联相关的品类，一个是容易下单，第二个是促进客单价。那么怎么下手这个场景化呢？最简单的就是寻找符合自己定位做得好的店铺，看看对方在哪个产品卖得好，他应用的场景是什么，根据这个产品使用场景打造多个能上架的品类。

3.搜索流量关键词调整

在生意参谋后台去看看上升词是否有变化，再看看自己产品关键词的词根在最近7天有无成交，无成交调整对应的词根，不建议大动标题，一次调整1～2个词根即可。

4.付费流量调整

在直通车后台确定地域人群最近30天的表现，不行的直接删除，表现好的可以提高议价，统计最近一个月后台访客成交的时间段，根据时间段提高议价，加大成交概率。

5.加大短视频产出

研究定位人群的喜好，拍摄对应的教程型、惊喜型、反转型、活动型的短视频，投放到微详情和微淘，持续一段时间你会发现有惊喜。

及时调整各种对策是电商人必须做好的事情，如果不想做任何调整，那么店铺的路只会越来越小，跟上时代的步伐才能活得更久。

第349条：怎么通过直通车修复人群标签

淘宝的系统会根据成交店铺标签和人群标签进行相应的匹配，当这些买家成交后，为店铺打上人群标签将会越来越精，但是也会出现人群偏移的现象，导致店铺标签混乱，访问人群不符合，使权重流量下滑，那么今天就标签混乱给大家几点修复建议：

1.出现场景：

a.大促导致标签下滑，假设平销成交价格是1299元的产品，价格段在1000～1599元之间，大促时候活动促销优惠300元，价格变成999元了。那么在大促过后，把产品调整回1299元的时候，会导致系统推荐和店铺标签存在差异，进店流量下滑，成交持续下降的情况。

b.店铺产品同类目产品存在价格段差异，跨度过大，导致人群标签不精准。

c.因种菜标签导致不精准。

2.直通车修复，可以根据直通车人群组合为不同等级的人群组合包，测试过后，利用单个大词进行测试人群组合包：

a.展现过低，直接删除即可。

b.展现不错，点击率和转化率过低的，可以进行删除。可能有人会说他有成交，但是成交基数过少，会拉低整个计划权重，所以弊大于利，删除。

c.点击率和转化一般的组合，可以先不用动，进行周期性监控后再调整。

d.记录展现，转化，点击都不错的人群包组合，然后利用这类人群包，用在多个核心词组合的二级词和三级词中，表现好的词留着，表现不好的词删除，最后把测试好的人群包合成一个人群大包。

人群混乱不可怕，可怕的是不进行测试，或者认为是单量不够种菜，所以多测试多记录多优化才能做好产品。

第350条：员工能力提升3大招

每个企业都会面临如何提升员工能力的问题，特别是运营团队的核心人员能力。因为它决定了店铺的成长和业绩，那么如何提升员工能力呢，我很多咨询服务的客户，都是按照这3大招来做的，效果明显：

1.持续地获得信息

就是要多看多了解，比如售后客服，要通读平台的所有规则。运营工作复杂，核心是把竞品和代替品的每一个变化记录在案，一旦有什么调整就能立马知晓，包括隐藏的变化。比如客服有没有给额外的优惠，这是影响转化率很重要的因素。对于老板自己来说，多看专业书籍和经典教材（比如大学本科的教科书），是快速了解行业核心思路的一个有效方法。

2.高强度地梳理

要让每个人的思路和经验完整地梳理出来，特别是运营，很多老板招聘时都不太细致，来了就开始干活，我建议一定要先梳理操作思路和操作方法，然后给团队每个人都讲清楚，这样效率才能高。老运营也一样，要周期性地梳理运营经验和打法，只有不断复盘和总结，才能提升能力。

3.不断迭代更新

平台和市场环境是不断变化的，定期要对新的方法更新，结合过去一段时间的经验，总结后再写进总结中。

最后提醒一点，如果有新员工入职，一定要先将老员工整理的内容给他看和学习，这样就可以避免从头来一遍。其实所有的摸索，对于企业来说都是成本，因此要减少从0到1的发生。

第351条：有效管理团队的4步法

团队管理对于任何企业来说，都是一个可以让老板和管理者"头大"的事情，我结合自身15年的工作经验，以及服务过上百个咨询客户的心路历程。推荐大家按照4步走：

1.设目标

设置合理的、可以实现的目标。公司要有公司的大目标，这样团队才会感觉有未来。每个人的工作也要有具体的目标，比如根据销售业绩倒推出来，下个月要拿多少流量，转化率要多少。

2.控进度

设置好目标后，还要拆解进度，比如"双11"期间，预售期要多少流量，然后每天都要盯着结果看，前一天完成了多少，进度是快了还是慢了，及时调整节奏。一旦有目标后，要提醒、帮助和监督他完成。团队较大的老板，更要管一层，看一层，不然下属的下级进度不够，最后会影响整体目标的完成。

3.抓考评

有奖有罚，为苦劳鼓掌，为功劳买单。比如客服团队，转化率高的除了提成要高，底薪也可以高啊，反之低的都应该低。毕竟如果转化率不提升上去，所有的付费推广和流量获取，都进入恶性循环，那是会影响整体目标的达成的。

4.理规范

每个岗位怎么做事，在做的过程中遇到什么问题，是怎么解决的，哪些问题不用太在意，每个人的经验都要沉淀下来，可以让每个人写工作总结，我们是每个月都复盘一遍，同时更新整理。

第352条：如何做年度总结和规划

对于优秀的企业来说，做总结和做对接下来的规划，都是很重要的工作。那么如何做好年度的总结和规划呢，我的建议是：

1.明确目的

做这个事情的核心目的要先搞清楚，比如总结是为了回顾得失成败，从而为接下来做得更好，规划是为了让团队更有信心，和有更清晰的方向。

2.搞清楚问题

比如过去一年有哪些不尽如人意之处，是毛利低了，还是库存多了，或者是周转次数少了？再不然是团队培训太少了，还是协作出了问题，也许是人手不够，等等。总之要把过去一年的问题搞清楚，然后接下来才能针对问题去讨论和解决。

3.内部广泛讨论

为什么要内部广泛讨论，其实核心就是要逐渐去凝聚所有团队成员的共识，让每个人站在不同的角度，来提出自己的方案和建议。这点其实非常考验团队的文化和氛围，也考验组织者的能力。

4.老板自己决定

每个人都会有自己的位置，只有企业的最高决策者才最有通盘的考虑，内部讨论更多的是为了凝聚共识和验证想法的可行性。最终决定还是要老板自己决定，尤其在团队小的时候，千万不要以为民主而去做决定，毕竟真理往往都掌握在少数人手里。

5.理出具体的实施步骤

一旦决定要做的事情，就要梳理出后续的实施方案，步骤和时间表。比如什么时候上新品，"双11"的产品什么时候要测试，人员什么时候要到位。从目标和结果出发，倒推整个进度和把控好节奏。

第353条：2021年淘宝天猫趋势预测

预测是千古难题，毕竟所有的计划都赶不上变化，谁都不知道接下来一年，会有哪只"黑天鹅"冒出来。

作为一个在平台干过几年的人，我先了解一下平台的需求：

1.更大的市场份额

尤其在淘宝、京东、拼多多三大巨头竞争的情况下，阿里要保持市场地位，电商就是基础，市场份额又是电商的基础。

2.更好地满足用户需求

无论是消费升级还是消费降级，抑或是数字化，本质都是为了满足用户的需求。从没有学习桌，到全力支持学习桌品牌。从嵌入式洗碗机到水槽式洗碗机，活动资源很多，都是让平台在新的需求中找到增长点。

那么基于这些目的和需求，对于商家层面来说会有哪些变化呢？我觉得三个方面会非常的明显：

1.马太效应更明显，头部商家越来越大

要获得更大的市场份额，淘系作为一个控商控品的平台，自己不能和对手交锋，那就只能让平台的商家去。其中，头部商家获利最大，最容易听指挥，所以平台一定会扶持头部商家，助它越做越大。

2.店铺的产品要更多，更细分

满足需求为目的，左手用户，右手商家，所有的改版也好，内容化也好，其实都是为了更高效的匹配，从而实现更多的成交。那么多的链接通道和流量入口，每个入口的要求还不一样，站在店铺的经营角度，必须要做出更多不同的产品，才能够满足不同用户和渠道的要求，所以SPU①必然会增加。

3.付费产品更智能，充值就好了

财务收益要提高，广告费比扣点收入还要高，那么如何让广告的收入短期内可控呢，其实就是在系统上做文章。直通车当年，要让收入增长10%的最简单方法就是把参考出价上调10%，于是众多商家一拥而上，纷纷跟紧步伐，收入目标准时准点完成。

---

① 是standard product unit的缩写，指标准化产品单元。它是商品信息聚合的最小单位。一般属性值、特性相同的商品可以成为一个SPU。淘宝商品都拥有商品ID，这相当于SPU。